中高生からの

法と学校・社会

法の視点で学校生活・社会生活をみる

小貫篤・加納隆徳・江口勇治・齋藤宙治 著

清水書院

はじめに

　この本は、中学生や高校生にむけた本です。世の中に「法学入門」と題された本はたくさんあります。その多くは著名な大学の先生が書かれた本です。そうした本は読んでいてとても勉強になりますが、高校生に向けた本はあまりありません。あったとしても、およそ中学生や高校生の日常とはかけはなれた事例がのっています。この本では中学生や高校生の日常に実際に起こることや起こったことをとり上げたいと考えました。そのため、この本はもともと大学附属高校で教員をしていた小貫と加納先生が中心となって書きました。二人とも学校の教員なので、担任をしたり、部活の指導をしたり、生徒と一緒に行事にとり組んだりしてきました。それだけでなく、生徒に生活指導をしたり、学校で起こるさまざまなトラブルに対処したりしてきました。この本は、こうした二人の経験をふまえて、日常的に起こるできごとをもとに書いていますので、中学生や高校生にとってリアリティがあると思います。そのうえで、教育学と法学の研究者がそれぞれの立場からコメントを書いています。

　この本は、2つの chapter からなります。chapter 1は、家庭や身近なできごとをとり上げています。みなさんの中には、ケーキのとり合いできょうだいゲンカをした人もいるでしょう。そのときどのようにケーキを分けたらよいのでしょうか。また、他人にケガをさせちゃった場合、だれがどのように責任をとるのでしょうか。こうしたことを法というメガネをかけて考えてみます。

　chapter 2は、学校や学生生活のできごとをとり上げています。高校生が文化祭で演劇をしたり映画をつくったりするときに必ず悩むのが「有名な曲を流したいのだけど著作権的に大丈夫なの?」ということです。この本ではこれについて法という視点から書いています。また、高校生は選挙活動を手伝えるのか、アルバイトをしたときにトラブルがおきたときどうすればよいのか、といったことについて法というメガネをかけて考えてみることを試みています。

　このように、この本は家庭や学校についてのできごとを法というメガネをかけて考えてみる本です。なぜなら、法というメガネをかけることができれば、自分の身近におこるできごとやトラブルを解決しやすくなると考えたからです。そのた

めに、この本では、いまの高校生に知っておいてほしい法の基本的な考え方を示しました。

　本文を書いた小貫と加納先生は、前述の通りもともと高校の教員です。小貫は筑波大学附属駒場中・高等学校で社会科や公民科を教えてきました。加納先生は東京学芸大学附属高等学校で公民科を教えてきました。二人とも以前から法についての学習が大切だと考えていろいろな授業をつくり、実践をしてきました。この本にはその成果がつまっています。そのため、中学校や高等学校の先生からすれば、授業づくりや授業開発の参考になると思います。

　また、この本は社会科や公民科の授業だけでなく、総合的な探究の時間や、特別活動も視野に入れています。というのも、この本では、家庭や学校の生活、社会で起こるトラブルや問題を幅広くとり上げているからです。総合的な探究の時間や特別活動でも本書を活用してほしいと思っています。

　生徒のみなさんには、朝読書の時間などで使えるように、1つのテーマが15分〜20分で読めるようになっています。ぜひ気軽に読んでみてください。

　この本の著者の一人である江口勇治先生は日本で法的な見方・考え方を学習する必要性をはやくから提唱し、その普及に努めてこられました。小学校でみんなで話し合ってルールをつくる経験をしたり、中学校で校庭をどの部活が使うのか考えるような授業をうけたりした人もいるでしょう。こうしたことも法教育の1つです。この本は、そうした小学校や中学校での法教育のうえで行われる高校での法教育の一例ともいえます。

　齋藤宙治先生は、専門である法社会学や紛争研究だけでなく、法教育にも造詣が深い先生です。齋藤先生は、この本全体を法学研究者の立場からチェックして、丁寧で的確なコメントをしてくれました。

　最後になりましたが、清水書院の中沖氏には、企画から原稿整理、入稿まで丁寧に作業をすすめていただきました。誠にありがとうございました。

2023 年 7 月

小貫　篤

中高生からの法と学校・社会  もくじ

Chapter 2 学校と法

law for family

家庭と法

chapter 1

トラブルをどう解決する?

−交渉から訴訟まで話し合いの方法−

keyword ▶ **紛争解決** **交渉** **民事裁判**

Step 1 話し合いで解決しよう

1 トラブル発生! どう解決する?

あなたは、学校や家庭でけんかや口論などをしたことがありますか。

年の近い兄弟がいる人は、家庭でのけんかが頻繁にあるかもしれせん。学校で友だちと意見がちがって口論になったことがある人もいるでしょう。意見が自分とまったく同じ人は世の中にいないでしょうから、

けんかや口論それ自体は、悪いことではありません。けんかや口論をしたときに、どのように解決していくか、あるいはどのような解決をめざしていくかが大切です。

まずは、あなただったら、次の事例をどのような考え方で解決するか考えてみてください。

Example Case

ある学校図書館でのできごとです。Aさんは、図書室のお気に入りの机で本を読んでいました。部屋は暖かく気持ちがよい状態です。しかし、Bさんが急に窓を開け始めました。風が直接当たって寒いし、風で本はめくれるし、Aさんは困りました。そこでBさんに「開けるなよ」と言いました。Bさんは「開けてもいいじゃん」と言ってむこうに行ってしまいました。Aさんはムッとして「閉めろよ!」と言って窓を閉めました。するとBさんが窓を無理やり開けようとします。二人はけんかになってしまいました。どうやって解決すればよいでしょうか。

2　トラブルの解決策はあるのか?

Example CaseのAさんとBさんの二人は「窓を開けるか、閉めるか」というそれぞれの立場を主張しています。その結果けんかになってしまいました。AさんとBさんがそうした主張をする理由(利害)に目をむけてみましょう。

考えてみよう

なぜ、Bさんは窓を開けたいのでしょうか。Bさんの立場から見てみましょう。Bさんは、図書室のお気に入りの机で本を読んでいました。部屋は窓が閉め切っていて、空気がよどんでいます。Bさんは、一昨日まで風邪をひいていたため、空気の入れかえをしようと窓を開けました。すると、Aさんがいきなり「開けるなよ」と大声で言ってきました。Bさんは驚きました。気をとり直して「開けてもいいじゃん」と言って、自分の机に戻ろうとしました。するとAさんが「閉めろよ!」と言って窓を閉めています。Bさんは困惑しましたが、空気を入れかえたいと思って、窓を開けました。二人はけんかになってしまいました。

こうしてみると、解決の糸口が見えてくるのではないでしょうか。

Aさんの利害は、「風が当たるから寒い」、「本がめくれる」、「お気に入りの机から離れたくない」というものです。

Bさんの利害は、「空気の入れかえをしたい」、「そのために窓を開けたい」というものです。主張ではなくその背景にある利害に目をむければ、廊下の窓を開ければよいということになるでしょう。このように、主張ではなく利害に目をむけて話し合いをすることで、双方が満足できる解決が得られる可能性が高くなります。

3　トラブルを解決するための「交渉」の考え方

トラブルを解決するためのヒントとして、交渉学で用いられる考え方を紹介します。交渉というと、いかに相手よりも多くの利益を得るかといったことや、相手を論破するためのものといったことを考える人もいるでしょう。たしかに交渉にはそのようなものもあります。そのような相手を敵対者と考え、自分にもっとも有利になるようにかけひきを行う交渉を分配型交渉と言います。例えば、中古の住宅や自動車を購入する場合、価格をめぐってのやりとりは分配型交渉と言えるでしょう。

一方で、あるものを奪い合うのではなく、両者が扱う条件・選択の幅を広げたり、創造的に発想したりすることを通して、最終的に双方がより大きな利益と満足を得られるような合意を形成していく交渉もあります。これは統合型交渉といわれます。統合型交渉は、ウィン・ウィン型交渉とよばれることもあります。

分配型交渉は、両方が特定の利益を奪い合い、一方が多くの利益を得て、もう一方がすこししか利益を得られなかったり、まったく利益を得られなかったりするため、将来にわたって不満がのこります。交渉をトラブルを解決する機会ととらえるならば、統合型交渉がより望ましいでしょう。統合型交渉には、以下の7つの考え方があります。

第一は、「人と問題を分離する」です。相手を問題解決のパートナーとみなし、問題の解決を試みることです。例えば、ある人との間にトラブルがあると相手を対立している人ととらえてしまいがちですが、そうではなく、トラブル自体が解決すべき問題であり、相手を一緒に問題を解決をする協力者としてとらえるということです。

第二は、「立場ではなく利害に焦点を合わせる」です。主張することではなく、主張の背景にある利害（欲求、関心、懸念）に目をむけることで合意の可能性が高まります。例えば、ある家庭で姉と弟がどちらもオレンジがほしいと1つしかないオレンジをとり合っているとします。このとき「オレンジがほしい」がお互いの主張になります。一方で「なぜほしいのか」を考えることが

利害を考えることになります。この場合の利害を確認すると、姉は「オレンジの皮でジャムをつくりたい、弟は「中身が食べたい」ということでした。そうであれば、姉が皮を使い、弟が中身を食べることで合意することができるでしょう。利害に焦点を合わせることで合意の可能性が高まるのです。

第三は、「双方にとって有利な選択肢を考え出す」です。いま、争点になっているものをとり合うのではなく、それに関係するものを合わせて検討することで、どちらにも利益をもたらすことができる可能性が高まります。いわゆるパイを広げることを考えるわけです。例えば、以前私が友人と食事をしていたとき、牡蠣（かき）が5つ出てきました。1つずつ食べて、残り3つです。二人の間に微妙な空気が流れました。私はその日はあまりおなかがすいていなかったのですが、久しぶりに牡蠣を食べたかったのです。友人はそのときおなかがすいていました。牡蠣の隣にサイコロステーキが5つありました。そこで、牡蠣は私が2つ食べ、友人がサイコロステーキを3つ食べることでどちらも満足することができました。

第四は、「客観的基準を使う」です。客観的な基準を使うことで、双方が納得しやくなります。例えば、賃金交渉をするとき法定の最低賃金などが客観的規準として使えるでしょう。

第五は、「よいBATNA（Best Alter-native to Negotiated Agreement　不調時対策案）を用意する」です。BATNAとは、現在の交渉による合意がないと仮定した場合の最善の代替案のことです。交渉の結果得られる利益がBATNAを下回る場合、合意しないという選択ができるようになります。例えば、友人からタブレットを1台買うときのBATNAの候補としては、同じ性能のタブレットを家電量販店で買う、同じ性能のタブレットを売ってくれる別の友人をさがす、同じ性能のタブレットをインターネットで買う、などがあります。これらの候補の中から、「ほぼ同じ性能のタブレットを家電量販店の○○で10万円で買う」と設定します。これがBATNAです。友人が同じ条件で絶対に10万円より安く売ろうとしなければ、交渉をやめて家電量販店に行けばよいのです。

第六は、「確約の仕方を工夫する」です。可能な選択肢を減らして、のこった一つの選択肢に自分を拘束するというような意味です。

第七は、「よい伝え方を工夫する」です。これは相手に理解してもらうために、相手の思いこみによって真意が誤解されないように、相手の耳に届きやすい伝え方を工夫することです。

このような「交渉」によるトラブルの解決方法は、当事者同士の話し合いで解決にむけて歩みよる方法であるといえます。

客観的な視点で解決しよう

4 トラブルの解決策を評価する

　トラブルの解決策を考えた後、その解決策がよい解決策なのか検討する必要があります。社会的に望ましい解決策か評価する考え方として、パレート効率性、公平性、手続的正義があります。

　パレート効率性は、社会のだれかの満足度を犠牲にしなければほかのだれかの満足度を高めることができない状態を言います。つまり、限りある資源が無駄なく最大限に活用されている状態のことです。交渉の結果、パレート効率性が実現されているかという観点で交渉を評価してみてください。

　公平性は、各自の主観的価値基準に照らして自分の得た利益の割合が他者の利益と同等であるということです。これは、「最後通牒ゲーム」という思考実験で感覚的に理解できるかと思います。「最後通牒ゲーム」とは、次のようなものです。

　電車に乗っていたら、大富豪がやってきて、あなたと隣に座っているまったく見知らぬ人に向かって、突然次のようなことを言い出しました。「ここに100万円ある。あなたに預けるから、隣に座っている人と二人で分けなさい。二人の分け前について話し合いで合意できたら、この100万円を二人にあげよう。隣の人はあなたの提案を承諾してもよいし、拒否してもいいよ。ただし、いったん拒否したら100万円は没収することになる。つまり二人とも1円もうけとることはできない。あと1分で私の降りる駅に到着するから、それまでにきめなさい」。
　あなたは、いくら分けると提案しますか。

　合理的に考えれば、あなたの隣の人は、あなたが1円以上いくらの金額を提示してもうけ入れるはずです。ところが、多くの人は「50万ずつ分ける」や、「40万わたす」と回答します。つまり、私たちは合理性よりも直感的な公正さを重視しがちなので

す。このように人間の社会的望ましさの判断にはパレート効率性だけではなく、公平性の考慮も不可欠です。解決策は問題にかかわる多く人の意見を聞いているか、立場を入れかえてもうけ入れられるかといった公平性の観点から解決策を評価することが大切です。

手続的正義は、紛争解決にいたる手続きの正当性です。「合意にいたるまでに十分に話し合えたという納得感はあるか」、「発言の機会や時間は確保されたか」、「紛争当事者間の情報に大きな格差がなかったか」という観点から交渉を評価します。

5　第三者に入ってもらうトラブル解決

　当事者だけでトラブルを解決できないときは、第三者に入ってもらって、「調停」「仲裁」といった方法でトラブルを解決することができます。

　「調停」とは、話し合いでお互いが合意することで紛争の解決をはかる手続きのことです。紛争当事者だけでなく、第三者が間に入って、紛争の解決をめざします。当事者は、話し合った結論が互いに納得できれば、その結論で合意することになります。納得できなければ合意する必要はありません。

　「仲裁」とは、紛争当事者が第三者にどのように解決するかの判断をゆだねるという解決方法です。当事者は、第三者（仲裁委委員と言います）の決定にしたがわなければなりません。それでも解決が難しければ民事裁判があります。

　こうした制度を知っておくことと、利用する権利があることを理解しておくことはとても大切です。ただ、理解することと意識はちがいます。それが象徴的に表れた事例として「隣人訴訟」の事例を紹介します。隣人訴訟とは、次のような事件です。

Example Case

　三重県鈴鹿市に住むAさん（当時41歳）は、妻のB子さん（当時37歳）、長女、長男C君（当時3歳）の4人家族でした。隣に住む会社員Xさん（当時51歳）一家とはXさんの三男Z君（当時4歳）がC君と同じ幼稚園に通っていて仲がよかったため、以前から親しい関係でした。

　ある日、C君とZ君はXさんの家で遊んでいました。そこへB子さんが訪れ、C君を買い物に誘いました。遊びに夢中だったC君は「もっと遊びたい」といい、Xさんの口添えもあって、B子さんはC君をこの家に預けてY子さんに「よろしく」と言って出かけていきました。子どもを預けるのは初めてではなく、Aさん夫婦とXさん夫婦はこれまでも何度も預け合う仲でした。

日曜日で、Xさんの家では大掃除をしており、子ども2人だけで遊ばせていました。そのうち子ども達は「裏の空き地に行きたい」と言いだしました。裏の空き地には池がありましたが、これまでも子どもだけで遊ばせて問題を起こしたことはありませんでしたし、Xさんは「まあ大丈夫だろう」と思い、許可しました。この溜め池の水際まで新興住宅が並んでおり、普段から近所の子供たちの遊び場となっていたのです。

　しばらくして、あわてて家に戻ってきたZ君が「Cが泳ぐと言って池にもぐり戻ってこない」とXさんに告げると、Xさんは現場の池にかけつけました。近所の人たちも巻き込んでみんなでさがすと、池に沈んだC君を発見しました。急いで救急車で運ばれましたが、亡くなってしまいました。

　買い物から帰ってきたB子さんは、C君の死を聞かされると、「どうして子どもを見ておいてくれなかったんですか」などとXさんらを問いつめましたが、感情的になったXさん夫妻は「大掃除で忙しかった」などと答え、応じることはありませんでした。

　事故から7か月後、AさんはXさん夫妻などに対し、2800万円の損害賠償金の支払いをもとめて三重県津地裁に裁判を起こしました。

　この事件では、原告側は、預かった夫婦や池を管理する国、三重県などを相手取り総額2900万円の支はらいをもとめていました。裁判所は「危険性を予見でき、親一般の監護義務がある」として、被告夫婦に約527万円の支はらいを命じ、国などについては「管理に手落ちはなかった」として原告の訴えを棄却しました。

（1983年
3月8日
「読売新聞」より
抜粋）

　問題はこの後です。事件がメディアでセンセーショナルに報じられると、「善意で預かってもらった恩をアダでかえしている」、「もともと、近隣同士の頼み事は、やってもらえればよし、やってもらえなくても仕方ないといた性格のもの。近隣交際は、そういった了解のもとに成り立っている」、「声をかけあうたびに、一つ間違えば賠償何千万円の覚悟がお互いにいる。そんな近隣関係は成り立たない」といった意見や、原告に「子どもの死を金にかえるのか」といった匿名の手紙や電話などが殺到しました。また、C君の兄弟は学校でいじめをうけ、原告は職場を失い、一家は引っこすことになりました。こうしたことから、原告は訴えをとり下げようとしました。ところが被

告は、訴えのとり下げに同意しないで、控
訴しようとしたのです。すると今度は、被
告へも非難が殺到します。その結果、訴
えのとり下げに同意せざる得なくなり、法
的には、訴訟自体がなかったことになりま
した。

　こうした事態に、法務省は「裁判をうけ
る権利は、重要な基本的人権のひとつで
ある。どのような事実関係であっても、裁
判所に訴えを提起して法的救済をもとめる
ことは、妨（さまた）げられない。多数の侮辱（ぶじょく）的・
脅迫（きょうはく）的投書や電話で原告および被告の権
利が侵害されたのは、極めて遺憾（いかん）」（1983
年4月）という異例ともいえる「見解」を

発表しました。

（1983年
4月9日
「読売新聞」
より抜粋）

6　トラブルの解決に向けた努力

　この事件をうけて、ある法学研究者は「人
間的、情緒的な事柄だとか、道徳的な事
柄…こういう事柄を扱うのに法律が適して
いるかという問題は確かにあるのですけれ
ども、しかし、当事者が最後の手段として
法に訴えざるをえなくなったときには、法
はそれに対して答えを出さなくてはならな
い」[1]と述べています。法を用いて第三者
によってトラブルを解決するというのは、私
たちの社会がつくりだした合理的なしくみで
す。そのため、交渉で解決が難しい場合は、
調停、仲裁、裁判といった第三者に間に入っ
てもらって解決をはかるというのはとても重
要なことと言えるでしょう。

　私たちはほかの人とかかわらないで一
人で生活していくことはできません。その
ため、自分と価値観や背景がちがう他者と
トラブルが起こりがちです。トラブルが起
きたとき、そのトラブルを解決していこうと
努力することはとても大切です。トラブルを
解決しないとモヤモヤとした感情がいつま
でものこることになりますし、社会も安定し
ません。また、トラブルを解決するプロセ
スの中で、社会的にも大きな問題が見つ
かるなど、公共の利益にもなる可能性があ
ります。

　トラブルを解決するときに、交渉、調停、
仲裁、裁判といった方法があることを知っ
ておくとよいでしょう。

注 1）六本佳平（1984；79-80）「近隣問題を裁判所に持ち出すことの適否」星野英一編『隣人訴訟と法の役割』有斐閣．

契約で社会がまわっている?
－『リトル・マーメイド』で考える－

keyword ▶ 　契約自由の原則　約款　無効と取消し

契約という考え方で生活を見てみよう

1　人魚姫と海の魔女

あなたはディズニー映画が好きですか。高校生はディズニー映画が大好きです。私もディズニー映画を授業でとりあげることがあります。今回ご紹介する『リトル・マーメイド』もその一つです。映画の主人公は人魚姫のアリエルです。アリエルは、人間の王子さまに恋をして人間になりたいとねがっています。授業でとりあげるシーンはアリエルが海の魔女アースラのところへ行くシーンです。

Example Case

アリエルはアースラのところに行って、人間にしてほしいと相談します。それに対してアースラは、アリエルの美しい声をくれたら魔法で人間にしてあげると言います。アリエルはこれに同意して、アリエルはアースラに声をわたし、アースラはアリエルを人間にする（3日間以内に王子さまとキスをするという条件はあるのですが）契約書にサインをします。

契 約 書

I hereby grant unto Arsula, the Witch of the Sea, one voice, in exchange for …
…for all eternity.
（私は、ここに、声を…（脚）…と引き換えに海の魔女アースラに与えます。…　…永遠に。）

考えてみよう　アリエルとアースラのあいだで「契約」はむすばれたのでしょうか。
これまでの生活経験と、いまもっている知識を使って考えてみてください。

2　契約ってなに?

　考えてみようで示された問いに答えるためには、契約とは何かがわかる必要があります。契約なんてしたことないし、契約なんて知らないよと思う人もいるかもしれません。でも、あなたは毎日契約をしているんです。

　どういうことでしょうか。実は、契約とは「当事者の意思表示が合致することで成立する合意」のことなのです。例えば、買い手が「コーラを100円で売って」といい、売り手が「いいよ」ということで契約がなりたちます。買い手の「コーラを100円で売って」ということばが「契約の申込み」にあたります。売り手の「いいよ」ということばを「契約の承諾」といいます。この申込みと承諾で契約がなりたちます。こう考えるとみなさん毎日契約をしていますよね。電車に乗ることも契約ですし、コーラを買うことも契約です。契約は日常にあ

りふれているのです。

　契約が成立すると、どちらにも権利と義務が生まれます。これを権利義務関係といいます。いったん契約をむすんだら、義務をはたさなければなりません。コーラの例でいえば、売り手は100円を請求する権利をもち、コーラを引きわたす義務を負います。買い手はコーラの引きわたしを請求する権利をもち、100円を支はらう義務を負います。

　最初に示した『リトル・マーメイド』のシーンでは、どうでしょうか。アリエルがアースラのところに相談にいったら、アースラはアリエルから声をもらうかわりに人間にしてあげるという申込みをして、アリエルはこれを承諾しています。つまり、「当事者の意思表示が合致することで成立する合意」がありますね。そのため、これは契約が成立していると言えるでしょう。[1]

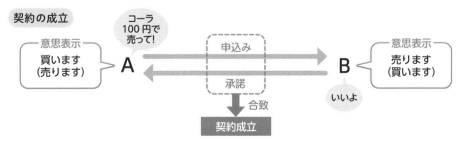

3 契約自由の原則

　契約は、契約をむすぼうとする人が自由にその内容をきめることができます。どのような契約をするか、だれと契約をするか、口約束か紙に書くのかといったどのような形式で契約をするのか、そもそも契約をむすぶのかどうかといったことはすべて自由です。

　これは当たり前のようですが、歴史的には決して当たり前ではありませんでした。かつてはこれらのことが国家や領主によって制限されていたのです。市民革命以降、市民は、国家や領主に干渉されないで自由にものを売ったり買ったりすることをもとめるようになりました。このようにして、「だれと、どのように、どんな内容の契約をむすぶか（むすばないか）」を当事者どうしが自由にきめることができる原則が生まれました。この原則を、契約自由の原則と言います。

　『リトル・マーメイド』には、こうした契約自由の原則を思わせるシーンがでてきます。

Example Case

　物語の後半、アリエルのお父さんで海の王さまのトリトンが、アリエルとアースラの契約を知って、契約書をやぶこうとします。しかし、やぶくことができません。そのようすを見て、アースラは「この契約は正式で、だれにもやぶれないんだよ！　たとえ国王でも！」と笑いながら言いはなちます。

　このシーンは、たとえ王さまでも契約自由の原則を尊重しなければならないことがわかりやすくしめされた興味深いシーンといえるでしょう。

4 合意していないのに契約している？

　あなたは「契約は日常にありふれているっていうけど、電車に乗るときに契約なんてしたおぼえはないよ」というかもしれません。たしかに、電車に乗るたびに鉄道会社の人と契約の内容を確認して、口約束や紙に書くなどして契約をむすぶということをしていませんよね。

　電車やバスなどに乗って移動するときのように、多くの人と会社との間で契約がむすばれる場合、一人ひとりと契約をむすんでいてはとても時間や手間がかかります。そこで、そのような場合は、鉄道会社があらかじめ契約の内容を示したホームページなどをつくっておいて、いちいち契約書を書いたり口約束をしたりしなくても、利用者は「これにしたがう意思があったものとす

る（同意する）」という考え方がとられています。このように、多くの人と契約をするためにあらかじめつくられた契約の条項を、「約款」といいます。約款はとても便利で、電車に乗るときだけでなく、ホテルに泊まるとき、宅配便を使うとき、インターネットサイトを利用するときなども約款が使われています。

実は、最近まで民法に約款について書かれていませんでした。そこで、2020年4月から施行されている改正民法では、鉄道・バスの運送約款、電気・ガスの供給約款、保険約款、インターネットサイトの利用規約などの約款について明記されるようになりました。

5　生活を豊かにする契約

ここまで読んできて、私たちの日常生活の多くの場面が契約にかかわっていることがわかったでしょうか。契約が自由にむすばれ、契約がむすばれたらそれを守ることで社会がなりたっているのです。日常生活だけではありません。あなたが将来自分の夢をかなえたいと思ったとき、同じ夢をもつ仲間で契約をして組織をつくったり、資金が必要であれば銀行から融資をうけたりすることができるでしょう。一人よりも仲間でとり組んだほうが夢を実現しやすく、世界が広がるのです。こうして、あなたは他者と契約をむすびながら自分の夢を実現していくことになります。

アリエルも人間になるという夢をかなえるために、契約をむすんでいましたよね。このように、契約は私たちが生きていく上でさけては通れないものであり、人々の生活や社会を豊かにするためにあるものなのです。

約款が使われる契約

6　『リトル・マーメイド』にみる契約の効力

　だれとどのような契約をむすぶのかをきめるのは自分です。そのため、いったん契約が成立したら、それは守ることが原則です。ここで、先ほどのアリエルとアースラの契約を思い出してみましょう。アリエルがアースラのところへ相談に行った結果、アースラから申込みがなされ、アリエルは承諾しています。二人の意思表示が合致して合意にいたっているので、この契約は成立しています。しかし、その内容はどうでしょうか。アリエルを人間にするかわりに、身体の一部である声をさし出すという内容です。反社会的ともいえる内容ですが、こうした場合でも契約をした以上は守るべきなのでしょうか。

考えてみよう

　「アリエルはアースラに声をわたし、　アースラはアリエルを人間にする」というアリエルとアースラがむすんだ契約は有効でしょうか。　なお、　身体の一部を売買することは日本では基本的には認められていません[2]。

　契約の内容や動機が反社会的な場合、公序良俗に反するとして、契約が成立していてもその契約は無効となります（民法第

90条）。つまり、契約をした人の間で合意した内容であっても、その内容が社会的に認めることができないときには、契約の効力は認められないのです。アリエルとアースラの契約のように、相手を害するという契約内容は、社会的に認めることはできないでしょう。

　なぜこのように、「契約の成立」と「契約の効力」を分けて考えるのでしょうか。これは、アリエルの場合のように、契約についてトラブルがあった場合に便利だからです。

　申込みと承諾があって，お互いの意思

表示が合致しているという条件をクリアしないと契約は成立しないので、それらがクリアされていなければ、内容について考える必要がありません。それらがクリアされてはじめて、当事者に契約の内容や動機に問題があるといった主張をさせ、確かにその言い分が認められる場合にだけ契約の効力はないとすればよいからです。

7　無効となる契約はほかにもある?

　契約が無効になる事例は、公序良俗に反する場合だけではありません。次のような場合、契約は無効です。

　第一に、赤ちゃんがした契約は無効です。赤ちゃんのほかにも、幼児、重い知的障がい者、心神喪失者などが行った契約は無効になります（意思無能力者が行った契約）。これはみなさんも直感的にわかると思います。

　第二に、相手が意思表示をしているけれど、その意思表示を本当に実行しようとする気がないことを知りながらした場合は無効です（心裡留保但し書）。相手方が意思表示した人の真意を知っていた場合、あるいは知らなくてもふつうの人なら意思表示した人の真意を知ることができたと認められる場合には、相手を保護する必要がないとして無効になります。例えば、「ウソついたら針千本のーます!　指きった!」と指きりげんまんをしたからといって、ウソだった場合に本当に針千本を飲ます人はいませんよね。みんな冗談だとわかって言っているわけです。このような契約は無効になります。

　第三に、相手方と通じて真意ではない意思表示をした場合は無効です（虚偽表示）。例えば、借金のある人が自分の家をさしおさえられることを逃れるために、友だちに家を売ったことにして、さしおさえられないようにした場合の契約は無効になります。

　第四に、かんちがいなどで本当に思っていることと意思表示が同じでない場合にした契約は無効です（錯誤）。例えば、中国地方への旅行を中国への旅行と間違えて（かんちがいして）旅行代理店へ注文してしまった場合などです。ただし、簡単に無効にすると相手は困ってしまうので、民法では一定の範囲に限っています。実際の裁判では、裁判官の判断にゆだねられます。日常生活の多くが契約によって成り立っていますので、その契約が無効になる場合というのも、法律という約束事できめられているのです。

　このように、自分が行った行為の結果がわからないまま契約をした場合や、お互いに公正でない契約をした場合は、契約そのものがはじめからなかったことになるのです。

8 アリエルは 16 歳だから契約は取消せる?

アリエルとアースラの契約を思い出してください。授業で、「アリエルとアースラの契約は有効か」を生徒に考えてもらったときに、生徒は「アースラはアリエルをおどして契約している。これはおかしい」や、「アリエルってそもそも何歳なの? 未成年だったら取消せるのでは」ということを言っていました。法的にはどうなのでしょうか。

まず、「アースラはアリエルをおどしているからおかしい」という主張を検討しましょう。アースラは人間にしてほしいというアリエルに、声と交換ならよいと応じます。「声などいらないし、ボディランゲージがあるじゃないか」とアリエルを説得します。そして「さあ、どうするの? 決断して!」とせまっています。しかし、「この契約をむすばないと帰さないよ」といっているわけではありません。民法では、相手におどされて契約をした場合（強迫）は、契約を取消すことができます。アースラの場合、「契約しないと帰さない」といったり、ナイフを突きつけたりしているわけではないため、強迫と考えることは難しいでしょう。また、相手にだまされて契約した場合（詐欺）も、契約を取消すことができます。アリエルはウソをつかれているわけではないため、詐欺と考えることも難しいでしょう。

次に、「アリエルが未成年だったら契約は取消せるのかどうか」を検討しましょう。『リトル・マーメイド』では、アリエルは16歳という設定です。ちなみに、アンデルセンという人が書いた『人魚姫』では、主人公の人魚姫は15歳という設定です。いずれにしても、日本の法律では未成年ということになります。未成年者は、ひとりで完全に法律行為をする能力がないとされ、契約には制限があります。おこづかい程度以上の契約をむすぶ場合は、保護者（法定代理人）の同意がなければ契約することができません。また、契約したとしても本人や保護者の申し出によって取消すことができます[3]。これを未成年者取消権といいます。アリエルは未成年ですので、未成年者取消権があります。映画の後半で、アリエルのお父さんのトリトンが契約の取消しをアースラに申し出ているので、この契約は取消されなければなりません。

9 約束と契約のちがいは?

ここまで、『リトル・マーメイド』を事例に契約を考えてきました。最後に、契約と約束のちがいについて考えてみましょう。

考えてみよう

ある高校生が、恋人とわかれて落ちこんでいる友だちを元気づけようと、「今度焼肉をおごるから一緒に食べに行こう」と言いました。しかし、学校、部活、塾、バイトなどで忙しく毎日を過ごしているうちにうっかり忘れてしまいました。1か月後、「焼肉をおごってくれるって期待していたのに、約束を守ってくれないじゃないか。彼女だけじゃなくて君にも裏切られた。ダブルでショックだよ。ちゃんと約束を守れよ」と言われました。この高校生に焼肉代の支はらい義務はあるのでしょうか。

　この場合、おごるといった高校生だけに負担があり、友だちには何も負担がありません。お互いの負担のバランスが著しくかけているような無償の約束を、法的な拘束力のある契約とするには慎重さが必要になります。民法には、口約束のみでの贈与契約はまだお金をわたしていなければ無かったことにできるというさだめがあります（民法第550条）。こうしたことから、しはらいの義務はない（おごらなくてもよい）とされるでしょう。

　また、みなさんが担任の先生と個人面談の予定を合わせるときに「明日の15：30に職員室に行きます」と言ったとします。このような約束も契約になるのでしょうか。例えば、部活や委員会が忙しくてうっかり忘れてしまった場合、「面談の約束をすっぽかしたから、生徒は先生に損害賠償を支はらえ」といったことにはならないでしょ

う。その約束の内容が、裁判所が約束をはたすことを強制するようなことではないというのが社会の常識である場合、約束を守らなくても（あるいは守れなくても）損害賠償請求は認められません。つまり、「申込み」と「承諾」がなされ、「合意」した約束であっても、約束がすべて法的な拘束力のある契約ではないのです。

　約束の内容、約束するまでのいきさつ、約束のしかたを考えて、「裁判所が約束をはたすことを強制すること」が妥当かどうかを判断するわけです。

　いままで考えてきたように、契約は私たちの身のまわりにあり、契約によって社会が豊かになっています。しかし、契約が不公正な場合には無効や取消しができるようになっています。「契約」という考え方で生活を見てみてください。きっと、いままでとはちがって見えるはずです。

注 1）人魚であるアリエルと海のアースラを民法上の人として考えてよいのか（民法第3条では「私権の享有は出生に始まる」して、胎児が生きて母体から完全に離れたときに人間としての権利をもつことになっています。人でなければ原則として物扱いとなります）、アリエルとアースラが契約をむすんだところは日本の法がおよぶ範囲なのか（日本の法が及ぶ範囲は日本の領土、領海、領空です）、といった点もおもしろいのですが、今回はふれません。
2）現在日本では髪の毛の売買はできますが、臓器や血液などの売買は禁止されています。
3）結婚している、一般的なこづかいの範囲である、保護者から同意を得ている、年齢をいつわっているといった場合は、未成年者による契約でも取消しができません。

ケーキや地位をどう分ける?
−公平な配分か平等な配分か−

keyword ▶ 配分 必要 能力 適格性

Step 1 ケーキを分ける方法を考えよう

1 ケーキをどうやって分ける?

　あなたは友だちや家族とケーキを分けたことはありますか。分けたことがある人は、どのようにケーキを分けたでしょうか。ケーキをとり合ってけんかになったことがある人もいるかもしれません。ここでは、「ものを分ける」ということについて考えてみます。そこでまずは、ケーキの分け方を考えみましょう。

考えてみよう

　いちごがのっている三角形のショートケーキが1つあります。このケーキはケーキ屋さんから家にもって帰るときにゆらしてしまい、クリームがかたより、形もゆがんでいます。

　10歳のお姉ちゃんのはるかが冷蔵庫にあるケーキを見つけて「ケーキを食べたい!」と言い出しました。すると、それを聞きつけた5歳の弟のたつるも「ぼくも食べたい!」と言い出しました。どのように分けたらよいでしょうか。

●運やぐうぜんできめる

これを中学生に聞くと、もっとも多く出てくる意見は「じゃんけんできめる」です。これは、運やぐうぜんできめるということでお互いに納得する方法です。みなさんも幼いころ、お母さんや先生から「じゃんけんで決めなさい」と言われた経験があるのではないでしょうか。これは、お互いに納得しやすいという点で、すぐれた方法です。現実の社会でも、運やぐうぜんで公的なものごとをきめることがあります。例えば、公職選挙法には「当選人をさだめるに当り得票数が同じであるときは、選挙会において、選挙長がくじで定める」（第 95 条2項）と書いています。つまり、最後の1議席をめぐって選挙で得た票が同じ数だった人が何人かいた場合、くじで当選者をきめるのです。実際に、いくつかの地方議会選挙では得票数が同じになって、くじできめることがありました。かつては得票数が同じだった場合、年長者が当選となっていましたが、1947 年の公職選挙法改正により、選挙会において選挙長がくじをひくことできめることになっています。

また、最近は「くじ引き民主主義」が注目を集めています。くじ引き民主主義とは、民主主義はみんなで政治を担うしくみなので、社会の構成員のくじやローテーションで代表者をきめるべきという考え方です。ヨーロッパの一部の国や地域でとり入れられています。日本でもくじ引き民主主義を

本格的に導入するべきだということを主張する人も出てきています。このように、運やぐうぜんでものごとをきめることには合理的な面もあります。しかし、「なぜ分ける理由を考えずに、ぐうぜんだけできめるのか。それはおかしい」と納得できずに不満がのこることもあるでしょう。

●はやい者勝ち

「はやい者勝ち」も中学生から出てくる意見です。これは、はやく見つけて手に入れた、ということを根拠にして、はるかにあげるという方法です。さきほどの「じゃんけん」よりは、はるかにあげる根拠がはっきりしています。現実の社会でも、はやい者勝ちできめることがあります。日本の民法では、持ちぬしのいないものは、はやく手に入れた人のものになります。これを、「無主物先占」といいます。持ちぬしのいないきれいな花が咲いていたとしたら、その花はつんだ人のものになりますよね。また、国際法では、どこの国の領域でもない地域は、一番はやく支配した国の領域

になります。これは単に「先占」とよばれます。そのため、島をめぐる領土問題では、どこの国がはやくその島を支配していたのかが争われます。このように、はやい者勝ちというルールも実際に使われているのです。

しかし 考えてみよう のケーキの場合、はやい者勝ちというルールになると、はるかとたつるはいつも冷蔵庫をさがしまわるようになり、電気代がかかったり、お母さんが料理をつくるときにじゃまになったりして、ほかの生活に影響がでるかもしれません。はやい者勝ちにもやや問題がありそうです。

● ちからでとり合う

「じゃんけん」や「はやい者勝ち」に次

いで多いのは、「ちからでとり合う」という意見です。半分じょうだんでいう生徒が多いのですが、これはどうでしょうか。これがルールとなると、困るのは相対的にちからが弱い人です。はるかとたつるで、はるかのほうがちからが強いたからはるかがケーキを食べたとすると、数年後に同じようにケーキを争うときは、たつるのほうがちからが強くてケーキをとられてももんくを言えません。また、2人よりもさらにちからが強い人（例えば、お父さん）があらわれたら、その人にとられるかもしれません。こうなると、安心して生活することができなくなるでしょう。これでは困ります。

● 切る人ととる人を分ける

「どちらかがケーキを切って、もう片方が

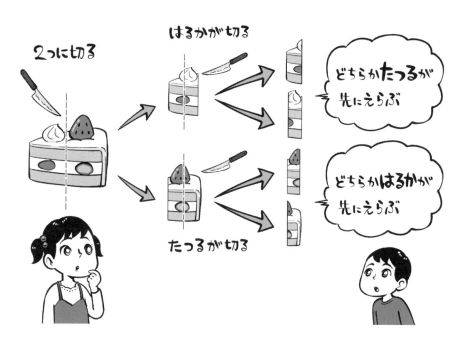

先にえらぶ」という考えを出す生徒もいます。これは、ケーキを切る人は残ったほうのケーキを食べることになるので、どちらが残ってもよいように、同じように切るはずだという考えです。これはなかなかよいアイデアです。しかし、「わたしが切りたい！」とどちらが切るかをめぐって争いがおこることはないでしょうか。そこで、左の下図を見てください。まずお母さんがケーキを2つに分け、それから2つに分けられたケーキ

をはるかとたつるがそれぞれ切ります。たつるが切ったケーキのうちどちらかをはるかがとり、はるかが切ったケーキのうちどちらかをたつるがとります。そうすると、4つに分けられたケーキのうち、2つが自分のものになります。つまり、1つは自分で切ったもの、もう1つは相手が切ったものになります。これは満足度が高く、不満がのこりにくいという点ですぐれた分け方といえるでしょう。

2　第三者にきめてもらう

　ここまでは、二人できめるきめ方を考えてきましたが、お母さんなどの第三者に決めてもらうということもできます。これはお母さんのきめ方によって、はるかとたつるの満足度は変わってくるでしょう。例えば、「お姉ちゃんだから、がまんしなさい」といった場合、たつるは満足しますが、はるかは不満がのこるでしょう。「お母さんは不公平だ」という感覚がのこり、お母さんの言うことを聞かなくなるかもしれません。そこで、お母さんはどのような考え方でケーキを分けるかが問題となってきます。

　「お母さんがはかりで測って、同じ量に分ければよい」と思う人がいるかもしれません。きょうだいがいる人はこのような経験があるかもしれません。しかし、10歳で食べ盛りのお姉ちゃんと、5歳でまだ保育園の年中さんの弟が同じ量でよいのでしょうか。そこで、「同じような人には同じように分けて、同じでない人には同じでなく分ける」という考え方がとられることがあります。しかし、どのように「同じだ」、「同じではない」ときめればよいのでしょうか。

3　配分のための考え方

　ものを分けるとき、必要性、能力、適格性という考え方が役立ちます。
　必要性とは、分けられるものをどれだけ必要としているかということです。例えば、保育園から帰ってきたばかりでおなかがす

いている弟と、少し前に学校から帰ってきたときに冷蔵庫にある枝豆をつまんでいたお姉ちゃんでは、弟のほうがよりおやつを必要としています。
　能力とは、分けられるものをどれだけ有

効に使えるかということです。例えば、お姉ちゃんは体が大きいのでたくさん食べたりじっくりと味を味わうことができますが、弟はまだ小さくてあまり多くを食べたり味わうことができません。お姉ちゃんのほうがより有効におやつを使えると言えます。

　適格性とは、分けられたものをうけとるのにどれだけ値するかということです。お母さんのいうことをまったく聞かないお姉ちゃんよりも、お母さんのいうことよく聞く弟のほうが適格性があるとお母さんは考えるかもしれません。

　今後ものを分けるときには、運、先占、切る人と取る人を分けるといった考え方や、「等しき者は等しく、等しくない者は等しくなく分ける」ために必要、能力、適格性という考え方を参考にしてみてください。ものを上手に分けることができるはずです。

Step 2　地位を分ける方法を考えよう

4　チアリーディング部でのできごと

　ケーキを分けるような家庭でのできごとだけでなく、高校生にとって切実な部活の大会への出場という限られた枠の分け方も考えてみましょう。私が前につとめていた高校は部活がとても盛んでした。特に野球部、チアリーディング部が有名でした。私は、授業で次のような架空の事例をつくり、生徒に考えてもらったことがありました[1]。

考えてみよう

　AB高校の2年生の女子、オヌキさんはチアリーダーとして人気がありました。足に障がいがあり車いすで活動をしていましたが、チアリーディング選抜にえらばれ、野球部の試合の応援では元気いっぱいに応援していました。そんなオヌキさんの姿は、学校の生徒たちから尊敬され、みんなの注目を集めていました。しかし、野球部の夏の試合がおわり、チアの仕事が一段落するとオヌキさんはチアリーディング選抜から外されてしまいました。

　数人の部員と保護者が、オヌキさんだけ開脚やスタンツ（数人で組体操のように人を乗せたり飛ばしたりする技術）ができないのにえらばれているという苦情を顧問の先生に言ったことがきっかけでした。開脚やスタンツなどができないオヌキさんはチアリーディング選抜にえらばれるべきではないのでしょうか。

　まず、チアリーディングの目的を考えて
みてください。授業で生徒に聞いてみると、
チアリーディングの目的は「選手と学校全
体を盛り上げる気持ちや行動」、「人々に
元気を分け与える、人々を喜ばせる、盛り
上げていく」、「ほかの人にはできないこと
をしてほかの人の目を引くこと」、「演技で
魅せる」といった意見が出てきました。前
の2つはチアの目的を「盛り上げる」こと
においているのに対し、後の2つはチア
の目的を「演技」としています。

　次に、どのように目的を達することがで
きる人を見つければよいかを考えてみてく
ださい。そのとき「必要性」、「能力」、「適
格性」という先ほど出てきた考え方を使っ
てみてください。生徒には、「オヌキさんの
「必要」「能力」「適格性」はチアの目的
と合致しているか?」と聞いてみました。

　生徒からは、「必要:選手を盛り上げた
いという気持ちが大いにあるからチアリー
ディングの目的と合致する。能力:開脚や
スタンツなどの規定演技ができないから
チアリーディングの目的と合致していない。
適格性:人気があり、人々を盛り上げるこ
とができるからチアリーディングの目的と合
致する」という意見や、「必要:オヌキさ
んはチアをやりたいと思っているから合致
している。能力:開脚やスタンツはできな
いが、人々を元気づけるから合致している。
適格性:いままでの実績があるから合致し
ている」といった意見が出てきました。

　最後に、「いままで話し合ってきた「目
的」「必要」「能力」「適格性」を踏まえて、
もう一度自分の考えを書いてみよう」とし
て、書かせてみました。すると、次のよう
な意見が出てきました。

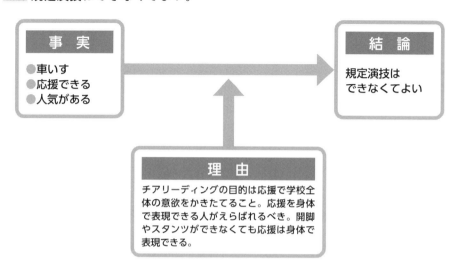

結論 規定演技はできなくてよい。

事 実
●車いす
●応援できる
●人気がある

結 論
規定演技は
できなくてよい

理 由
チアリーディングの目的は応援で学校全体の意欲をかきたてること。応援を身体で表現できる人がえらばれるべき。開脚やスタンツができなくても応援は身体で表現できる。

結論：規定演技はできなくてよい。
事実：オヌキさんは車いすで活動している。
　　　元気いっぱいに応援している。
　　　学校の生徒から人気がある。
理由：チアリーディングの目的は学校全体の意欲をかきたてるほど応援を身体で精いっぱい表現することだ。チアリーダーとして応援を身体で表現できる人がえらばれるべき。開脚やスタンツができなくても応援は身体で表現できる。

結論：規定演技ができなければならない。
事実：オヌキさんは障がいがあるため開脚やスタンツができない。
　　　周りに心配をかける。
理由：チアリーダーは生徒を元気にし、盛り上げることが目的だ。目的を達成するためにチアリーダーはほかの人にはできない演技をする必要がある。応援だけならチアリーディングである必要はない。演技ができることが大切だ。オヌキさんの存在は周りに大いに心配をかけ周りのチアリーダーの気を散らしてしまう。

　2つともなかなか面白い意見です。正解があるわけではないので、全員が納得する答えはないかもしれません。そこで、地位を分けるときには、「目的」は何か考え、それを踏まえて「必要」「能力」「適格性」を使って考えると考えやすくなるでしょう。

結論 規定演技ができなければならない。

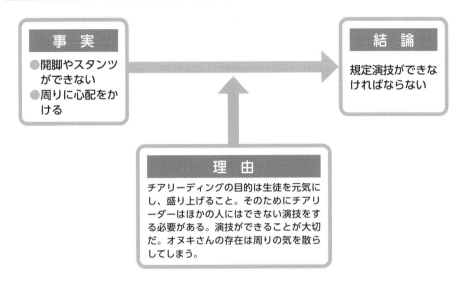

5 ものを分けるときの「正しさ」

ここで、ものや地位をどのように分けるのが正しいのかという問いを改めて考えてみましょう。この問いは、古代ギリシアの時代から考えられてきました。古代ギリシアの哲学者アリストテレスは、共同のものや地位を分けて配るときは、「均等な人には均等に、均等でない人には均等でなく配分すること」が正しいと考えました。例えば、ある人が戦いで大きな戦功をたてたとすればそれに応じた地位に就くことは正しいことになり、勤勉で養っている家族が多く生活のために多くのものを必要としていればその勤勉さに応じて取り分が多くな

るというように考えたのです。その後、ローマの法学者ウルピアヌスは、正しさとは「各人に各人のものを与えようとする普遍的な意志」のことであるとしました。これは「等しき者を等しく扱うこと」と言いかえられ、いまでも重要な考え方とされています。

みなさんも、日常生活や学校生活で、ものや地位をどのように分ければよいのか考えることがあるはずです。そのようなとき、「目的」「必要」「能力」「適格性」などの考え方を使ってみてください。きっとクリアに考えることができるはずです。

注 1）この事例は、マイケル・サンデル（2010：238-241）『これからの「正義」の話をしよう』早川書房で示された話を参考にしています。

事故を起こしちゃったら
どうすればいい?
−過失に対する責任のとり方−

keyword▶ 過失　責任

Step 1 **責任をとるとはどういうことか考えよう**

1 サッカーをしていたら…

みなさんは、サッカーや野球をしているとき、ボールが道路やとなりの家に入ってしまったことはありますか。そのボールが、もし人に当たってけがをしまったり、人の

ものをこわしてしまったりしたらどうなるのでしょう。だれが、どのように責任をとるのでしょうか。実際におきたサッカーボール事件を考えてみましょう。

考えてみよう

　　2004年、小学6年生の男の子が放課後、学校でフリーキックの練習をしていました。男の子はゴールにむかってボールをけっていたのですが、ボールをけりそこなって、道路に飛び出してしまいました。そのとき、道路には80代の男性がバイクで通行していました。バイクに乗った男性は、ボールをよけようとして転んでしまいました。転んだ男性は病院に運ばれましたが、寝たきりとなってしまいました。その約1年4か月後、ごえん性肺炎で亡くなりました。亡くなった男性の家族は、2007年に、男の子の親に対して5,000万円の支はらいをもとめて裁判を起こしました。男の子の親に責任はあるのでしょうか。

2　けがをさせたら責任をとるということ

考えてみよう の場合、法的にどのように考えればよいのかを見ていきましょう。民法という法では、次のように書かれています。

> ### 民法 第709条（不法行為）
> 「故意又は過失によって他人の権利又は法律上保護される利益を侵害した者は、これによって生じた損害を賠償する責任を負う。」

これは、わざとや、うっかり人のものをこわしたり、人を傷つけたりしたときは、弁償しなければならないということです。この「うっかり」のことを、法的には「過失」といいます。過失とは、被害が起こると予想できてさけることができたのに、さけなかったことを意味します。 考えてみよう の場合、男の子がフリーキックの練習をしていたら、道路にボールがでて、男性にけがをさせてしまう（さらには亡くなってしまう）ことを予想できたか、さけることができたにもかかわらずさけなかったか、を考える必要があります。過失があれば責任をとらなければなりません。逆に、過失がなければ責任はとらなくてよいのです。これを過失責任の原則といいます。ここで、過失責任の原則について簡単に説明をしておきます。

過失責任の原則は「過失なければ責任なし」といわれます。これは、通常の注意をすれば、自由に好きなことができるということです。なんだか当たり前のことのようですが、歴史的には当たり前ではありませんでした。一人ひとりの個人が自由にものを売り買いしたり、住む場所をかえたり、自分の職業を自由にえらんだりするようになったのは近代以降です。自由に行動をしたり経済活動をしたりするようになると、当然トラブルもふえます。そこで、自分のせいではないことについては責任を負わないということを明確にすることが必要になりました。このようなことから、過失責任の原則が生まれてきたのです。

民法に話を戻しましょう。民法には「故意又は過失によって」に続いて、「他人の権利又は法律上保護される利益を侵害した者」と書かれています。これは、「権利・法益侵害」と言われます。 考えてみよう の場合、男の子は男性にけがをさせてしまいました。これは、男性の身体に害を与えたということになります。権利・法益侵害と言えるでしょう。

また、けがをした原因と、男性がけがをしたことの間に、原因と結果の関係があるでしょうか。ある場合は、これを「因果関係」といいます。因果関係がある場合、けが

をさせてしまった男の子は転んでしまった男性に対して責任があるということになります。

最後に、民法には「損害」ということばが出てきます。男の子は男性にけがをさせてしまいました。男性は寝たきりになったことで、治療代がかかり、最後には亡くなってしまったという被害がでています。これが損害にあたります。

つまり、男の子がお金をはらうとしたら、その理由は①男性がけがをして亡くなってしまうということが予想できたのに、そうなることを避けなかった（過失）、②男性の身体を害した（権利侵害）、③男性がけがをしたのは男の子の行為のせい（因果関係）、④男性に被害がでた（損害）、の4つになります。この4つが満たされるような行為は、不法行為と言われます。

不法行為というものが民法に書かれている理由は、被害を救済するためといわれ

```
┌─────────────────────────────────┐
│  ①故意や過失があった              │
│         ╋                        │
│  ②権利・法益侵害があった          │
│         ╋                        │
│  ③行為と損害との間に因果関係がある │
│         ╋                        │
│  ④損害が発生している              │
└─────────────────────────────────┘
        4つそろって  ⬇
           不法行為
```

ています。被害をうけた人の損害を回復するということや、侵害した人が得た利益をもたせ続けるべきではないということです。これは、「公正さ」という法の価値を実現するものといえます。

今回の場合、この4つが満たされているといえるでしょうか。考えてみてください。

仮に満たされているとしても、男の子は小学6年生です。仕事をしてお金をかせいでいるわけではありません。毎月、お母さんからもらっているおこづかいから弁償することになるのでしょうか。それとも、男の子のお母さんやお父さんが弁償するのでしょうか。

民法では、「自分がしたことが違法かわかる能力がない人は、賠償しなくてよい」ということになっています。赤ちゃんや幼い子どもがものをこわしたときに、赤ちゃんに「不注意だ！ 法的な責任をとれ！」と言っても仕方がありません。そこで、自分のしたことの意味がわかって法的な責任がとれる人が責任をとるという考え方をとっています。これは、「責任能力」と言われるものです。

いくつになったら責任能力があるときまっているわけではありませんが、おおむね小学校を卒業する12歳あたりが目安と言われています。赤ちゃんや幼い子どもなど責任能力がない人が、ものをこわしたり、人を傷つけたりしたときは、お母さんやお父さんなどが責任をとることになります。

　今回の事件で原告は、男の子ではなく、男の子の親に損害賠償をもとめています。これは、男の子は責任能力がないと考えたからでしょう。責任能力がない人の親や家族などは、その人を監督する義務があるとされます。その義務をはたさなければ、責任を問われます。今回の場合、男の子の親は監督する義務をはたしていなかったのでしょうか。もうすこしほかの事例も考えてみましょう。

Step 2　子どもの起こした事故は親の責任?

3　小学5年生の自転車事故で約1億円?

　監監督義務について考えるとき、小学5年生が起こした自転車事故の裁判や、認知症の高齢者と電車の事故によって起きた裁判が参考になります。

　次の Example Case は、自転車に乗っていた小学校5年生が事故を起こして、人にけがをさせてしまったという事件です。サッカーボール事件とよく似ています。

　マウンテンバイクで散歩中の女性にぶつかった少年Aに、何らかの責任はあるのでしょうか。先ほど述べた「過失」「権利・法益侵害」「因果関係」「損害」の4つを考えてみましょう。

Example Case

あるとき、小学5年生の少年Aが、マウンテンバイクに乗って時速20～30キロメートルで坂道を下っていました。坂道を下ったとき、散歩中だった62歳の女性と正面衝突してしまいました。その女性は、はね飛ばされて倒れ込みました。その衝撃で意識不明の重体となり、寝たきりになってしまいました。女性側は、少年Aの母親に対して約1億590万円の支はらいをもとめる裁判をおこしました。

　まず、少年Aが、スピードの出たマウンテンバイクで坂道を下ったら、人をはねてけがをさせるということを予想できたか、よけることができたのに必要な行動をとらなかったと言えるかです。これは予想できたのに回避しなかったと言えそうです。次に、少年Aは女性にけがをさせてしまったので、女性の身体に害を与えたことになります。さらに、けがをさせた原因は、少年Aが女性をよけそこなったからで、その結果として女性がけがをしたといえるでしょう。最後に、女性がけがをして寝たきりになったことで、治療費の支はらいや今後の収入が少なくなるといった被害が出ています。つまり少年Aは、予見可能だったのに回避しなかった（過失）、女性の身体を

害した（権利侵害）、女性がけがをしたのは少年Aがぶつかったから（因果関係）、女性が損をした（損害）、の4つを満たしているようです。ただ少年Aは小学5年生なので責任能力がないとして、親が監督義務者としての責任をはたしていたかが問われました。

　裁判で少年Aの母親は、日ごろから自転車のスピードを出しすぎないことや、ヘルメットをつけることを教えて監督義務をはたしていたと主張しました。一方女性側は、事故当時はその教え通りにしていなかったことから、監督義務を十分にはたしていなかったとしました。最終的に神戸地方裁判所は、少年の過失と母親の監督責任を認めて、9,520万円の支はらいを命じました。

4　認知症のばあいは…

もう1つ、サッカーボール事件を考える上で、似ている事件をご紹介します。認知症の高齢者の事故で、家族の監督義務が問われた事件です。自転車事故につづいて、認知症の高齢者が電車にはねられた事故の事件を考えてみましょう。

考えてみよう

　　12月上旬の、18時ごろ、91歳の認知症の男性Bが電車の駅のホームから線路に入り、電車にはねられて亡くなる事件が起きました。男性は当時「要介護4」の認定をうけていました（要介護状態の区分は5段階で、要介護5がもっとも重い）。Bの介護方針は横浜市にすむ長男がきめていました。Bは、当時85歳の妻と2人ぐらしで、妻が6～7分程うたたねをしている間に自宅を出て行方不明になっていました。夕方のラッシュの時間帯で、鉄道会社は34本が運休し、20本が最大で2時間遅れ、約2万7,400人に影響が出たとして、振替輸送代と人件費等との合計約720万円をBの相続人である妻、長男、次女、三女、次男に請求しました。遺族はお金をはらわないといけないのでしょうか。

この事件で、鉄道会社は、男性の家族には監督義務者責任があると主張しました。鉄道会社は「重い認知症にもかかわらず特別養護老人ホームなどに入所させていなかった」、「認知症の高齢者を単独で外出させれば他者に損害を与えることになりうることは明らか」などと述べたのです。また、「うたたねをしていた」などの遺族の不法行為責任もあると主張しました。

これに対して、遺族は「それぞれの仕事あるなか、できる限り介護をしていた」、「特に長男の妻は近くに家を借りて介護するなど、できる限りの介護体制を整えていた」、「在宅介護は国の施策、介護保険法の趣旨に沿ったものだし、身体を拘束して外に出させないなどをするわけにはいかない」などと主張しました。

この事件は、地方裁判所、高等裁判所、最高裁判所でそれぞれ判決がちがっています。裁判所の判断がわかれるほど、とても難しい事件といえるでしょう。

名古屋地方裁判所は、一緒にすんでいた妻は目を離さず見守ることをおこたった過失（不法行為）があり、別居しているが介護方針をきめていた長男は父親の行動を監督して他人に損害を与えることを阻止すべき監督義務違反があったとして鉄道会社の約720万円の損害賠償請求を認め

ました。遺族はこの判決に納得できず控訴しました。

　名古屋高等裁判所は、Bが徘徊したとしても線路内に入ることまでは予見できないとして、妻と長男の不法行為責任は否定し、監督義務者として妻にのみ損害賠償として約360万円の支払いを命じました。妻だけに賠償を認めた理由は、一緒にすんでいてBの行動を制御できる立場だから監督義務者にあたること、監督をする立場なのにその義務をおこたったこと、でした。長男は介護方針をきめていても介護に直接かかわっていたわけではないため、監督責任はないとされました。また、賠償すべき金額を半額にした理由は、鉄道会社がとても大きな会社であることや、鉄道会社がBの線路への進入路とされたフェンス扉に鍵をかけていなかったことがあげられました。高等裁判所の判決の後、鉄道会社は最高裁判所に上告しました。

　最高裁裁判所は、妻も長男もBの監督義務者にあたらないとして鉄道会社は逆転敗訴となりました。最高裁判所はその判断として、「1　認知症の患者と一緒に住んでいる妻だからといって監督義務者にあたるというわけではない」「2　監督義務者にあたらない人でも、認知症の患者と密接な関係があり監督義務を引きうけたとみるべき特段の事情が認められる場合には、監督義務者に準ずることになる」「3　Bの妻は、当時85歳で足が不自由で要介護1の認定をうけていた。長男の妻の手助けをうけているなどいろいろな事情を考えると、Bの妻は監督義務者にあたらない」「4　長男はBの介護に関する話合いに加わっていたが、長男自身は、20年以上もBと一緒に住んでおらず、1か月に3回程度週末にBの家を訪ねていただけで監督義務者に準ずべき人ではない」と述べました。つまり、この事件では、損害賠償は支はらわなくてよいということになりました。

5　サッカーボール訴訟の判決

　自転車事故の裁判では、加害者の保護者が監督義務をはたさなかったとして約1億円のお金をはらえという結果となり、認知症の高齢者の裁判では、監督義務者ではないからお金をはらう必要はないという結果となりました。対照的な結果です。サッカーボール事件は、どうなったのでしょうか。

　2015年、最高裁判所は「学校のグラウンドでゴールに向かってフリーキックの練習をしていたという男の子の行動に問題があるわけではない。サッカーゴールの10メートル後ろには南門とネットフェンスがあって、道路との間には1.8メートルの側溝があり、ボールが道路に出ることはこれまであまりなかった。男の子が道路に向け

てボールをけったわけではない。男の子の お父さんやお母さんは危ないことをしない ように普段からしつけをしていた。この事 故のように予想できない場合は、親は責

任を負わない」として、親の責任を問わな いという判断をしました。判決では以下の ように示されています。

「責任を弁識する能力のない未成年者の蹴ったサッカーボールが校庭から道路に転がり出 て，これを避けようとした自動二輪車の運転者が転倒して負傷し，その後死亡した場合におい て，次の (1) ～ (3) など判示の事情の下では，当該未成年者の親権者は，民法 714 条1項 の監督義務者としての義務を怠らなかったというべきである。

(1)　上記未成年者は，放課後，児童らのために開放されていた小学校の校庭において， 使用可能な状態で設置されていたサッカーゴールに向けてフリーキックの練習をして いたのであり，殊更に道路に向けてボールを蹴ったなどの事情もうかがわれない。

(2)　上記サッカーゴールに向けてボールを蹴ったとしても，ボールが道路上に出ることが 常態であったものとはみられない。

(3)　上記未成年者の親権者である父母は，危険な行為に及ばないよう日頃から通常のし つけをしており，上記未成年者の本件における行為について具体的に予見可能であっ たなどの特別の事情があったこともうかがわれない。」

つまり、男の子はフリーキックの練習を していただけであり、具体的な事故（サッ カーボールが道路に出ること、ボールをよ けようとしてバイクに乗っていたお年寄りが 転んだこと、寝たきりになること、1年4か 月後、ごえん性肺炎で亡くなること）は予 想できないし、社会で一般的にされている しつけをしていたのでそれ以上の責任はと れないことを認めたのです。これは事故に よって寝たきりになってしまったことは残念 だけど、予想できないことにまで責任を負

わせるのは公正ではないと裁判所が考え たということでしょう。

自転車事故の裁判と結論はちがいます が、この判決も「公正さ」という法の価値 を実現しようとしたといえるでしょう。

このように、本人に責任能力があるのか、 ない場合はどこまで親が責任を負うのかと いうのは、それぞれのケースごとに具体的 に考えていくことになります。

あなたも社会で起こるさまざまな事件に ついて、法的な視点で考えてみましょう。

参考文献　内田貴『民法』Ⅰ・Ⅱ、東京大学出版会, 2016 年
高井隆一『認知症鉄道事故裁判』ブックマン社, 2018 年

だれと結婚する?
－SOGIと同性婚をめぐって－

keyword ▶ **LGBT** **SOGI** **同性婚**

結婚の意味を考えよう

1 好きだから結婚する?

　あなたは、将来、好きな人と結婚したいでしょうか。結婚したい人もいれば、まだまだ先のことだしよくわからないという人もいるでしょう。

　私が勤務していた学校の生徒の一人は、「好きな人とはやく結婚したい」と言っていました。べつの生徒は、「好きな人と一緒にはくらしたいけど、結婚願望は全然ない」といっていました。

　「好きだから結婚する」というのは自然な考えなのかもしれません。しかし、「好き」という気もちと「結婚」という制度にはすこし距離があるようにも思えます。例えば、お互いに好きなので結婚したいと考えている同性カップルは結婚できるのでしょうか。

　「好き」という気持ちと「結婚」という制度はどこまで重なるべきなのでしょうか。

2 LGBT から SOGI へ

　「結婚」と「好き」の気持ちについて考える前に、一人ひとりの「性のあり方」について確認していきましょう。

　あなたは LGBT あるいは LGBTQ、LGBTQ+ ということばを聞いたことがあると思います。LGBT とはレズビアン（Lesbian、

心の性が女性で、恋愛対象が女性の人)、ゲイ(Gay、心の性が男性で、恋愛対象が男性の人)、バイセクシュアル(Bisexual、恋愛対象が男性と女性の両方の人)、トランスジェンダー(Transgender、身体の性と心の性がちがうため身体の性に違和感がある人)の頭文字をとったものです。このほか、男性と女性の真ん中あたりに自分の性がある人、男性とも女性ともきめられないしきめたくない人、男性でも女性でもない人などがいます。性のあり方はさまざまなので、LGBTということばではとらえきれません。そこで、現在では「性的指向(Sexual Orientation)」と「性自認(Gender Identity)」の頭文字をとったSOGIということばが使われれるようになってきました。

実際、2023年6月に成立して話題をよんだ「LGBT理解増進法」の正式名称は「性的指向及びジェンダーアイデンティティの多様性に関する国民の理解の増進に関する法律」です。

性的指向は、どのような性別の人を好きになるか、ということです。同性を好きになる人(ホモセクシュアル)、異性を好きになる人(ヘテロセクシュアル)、両方の性を好きになる人(バイセクシュアル)、だれも好きにならない人(アセクシュアル)、だれかを好きになるけれど性的な欲求はない人(ノンセクシュアル)などがいます。性自認は、自分の性をどのように認識しているのか、ということで、「心の性」と言われます。「心の性」と「身体の性」がちがって違和感がある人が、さきほどでてきたトランスジェンダーです。

性のありかたはとても多様なのです。

3 どのような人たちの写真?

右の写真に写っている人たちは、どのような人たちでしょうか。これは、2017年5月にひらかれた北大西洋条約機構(NATO)首脳会議の際にとられた写真です。大統領や首相のパートナーの集合写真です。左上に男性がいます。この男性はルクセンブルクの首相の配偶者です。ルクセンブルクの首相は男性です。ルクセンブルクは2015年に同性どうしの結婚が合法化したことで、首相はこの男性と結婚

したのです。ルクセンブルク以外の国に目をむけると、2013年にフランス、2014年にイギリスが同性婚を合法化しました。

2015年にはアメリカ連邦最高裁がアメリカ全土で同性婚の権利を認める判決を出しました。2017年にはドイツ、オーストラリアで同性婚が合法化し、2019年には台湾の議会が同性婚を合法化する法案を可決して大きな話題となりました。さらに、2022年12月には、アメリカのバイデン大統領が同性婚の権利を連邦レベルで擁護する結婚尊重法案に署名したことで、アメリカのすべての州で、同性婚と、異人種間の結婚を合法と認めることが法律で義務付けられました。

ただ、同性婚が認められている国が一般的なわけではありません。70ほどの国や地域では同性愛とみられる行動を罰する法律があったり、同性愛を違法としていたりします。先進国でもかつて、ソドミー法とよばれることが多い「反自然的」な性行為を禁止する法律がありました。これは、おもに男性どうしの性行為に適用され、罰則も定められていました。このような法が廃止されたのはイングランドでは1967年、フランスでは1981年、ドイツ全州では1994年、アメリカ全州では2003年です。ずいぶん最近のことなのです。

4 日本では…

日本は同性愛そのものが法に反するわけではありません。同性どうしで一緒に住むことを禁じてもいません。それでも同性婚をもとめる人たちはたくさんいます。なぜ結婚というかたちをもとめるのでしょうか。

結婚というかたちをもとめる理由として、結婚していないと不利益があるからだという指摘があります。例えば、結婚していないとパートナーの相続人となることができませんし、パートナーが亡くなったときに遺族年金もうけとれません。また、結婚していないので配偶者控除という税が優遇される制度を使うことができません。さらに、外国人カップルの在留問題もあります。これは、異性カップルの場合は結婚すれば「日本人の配偶者」という資格で日本に滞在することができますが、同性カップルは

結婚できないので「日本人の配偶者」という資格を得ることができないという問題です。さらに、社会的な不利益として、男性二人ですむというとアパートが借りられないことがある、病院で家族ではないから診察のときに一緒にいることができないことがある、生命保険の受取人になれないといったことがあげられます。

では、こうした不利益がすべて解消されれば、当事者は、同性婚が認められなくてもよいのでしょうか。

以前、わたしの授業で、ゲイの人に来てもらい、お話を聞いたことがありました。その人は、「社会に認めてほしい」と言っていました。「二人の関係をみんなに認めてほしい。そして、友だちや家族にお祝いされる結婚式をあげたい」と言っていたのが印象的です。国による保護だけでなく、社会的な承認をもとめているのだなと感じました。

ここで、日本で実際にあった同性婚をもとめる裁判をご紹介します。

考えてみよう

付き合って数年がたっていて、一緒にくらしている男性どうしのカップルが区役所に婚姻届を出しました。しかし、区役所は、「男性同士を当事者とする婚姻届はうけとれない」として受理しませんでした。このカップルは、「同性どうしの結婚が認められないのは婚姻の自由を侵害し、法の下の平等にも反する」として、国に損害賠償をもとめる裁判をおこしました。つまり、同性婚を認めていない民法や戸籍法の規定は憲法第 24 条、第 13 条、第 14 条に違反するという主張です。なぜ、同性どうしの結婚は認められていないのでしょうか。

日本国憲法 第 24 条

① 婚姻は、両性の合意のみに基いて成立し、夫婦が同等の権利を有することを基本として、相互の協力により、維持されなければならない。
② 配偶者の選択、財産権、相続、住居の選定、離婚並びに婚姻及び家族に関するその他の事項に関しては、法律は、個人の尊厳と両性の本質的平等に立脚して、制定されなければならない。

まず、憲法第 24 条を見てください。第 24 条には「両性の合意」と書かれています。そのため、日本政府は両性とは男性と女性という意味だから、憲法で同性婚は想定されていないという立場をとっています。また、民法や戸籍法にかかれている「夫婦」とは、男である「夫」と女である「妻」のことだから、同性婚をしよう

とする人の婚姻の届出を受理することはできないとしています。ただ、憲法第24条をつくったときの趣旨を考えれば憲法は同性婚を禁止していないという意見もあります。戦後、新しい民法が施行されるまでは、結婚は二人の合意だけでは成立せず、家長（おもに父親です）の許可が必要でした。このようなしくみをやめ 考えてみよう て、「個人」という考えを大切にして、家長の結婚への介入を禁じることが憲法第24条の趣旨です。そのため、この条文は同性どうしの結婚を禁止する規定ではないというのです。

考えてみよう のような同性婚をめぐる裁判は、札幌、東京、名古屋、大阪、福岡の5か所で起こされました。の事例で原告は、「憲法第13条が個人の自己決定権に重要な価値を認めており、憲法第24条が婚姻の自由を保障したものであるから、同性愛者の婚姻の自由も憲法上保障されている」、「憲法は同性婚を禁止しておらず、婚姻の自由をすべての人に保障している。同性婚を認めないのは婚姻の自由を侵害し違憲だ」と主張しました。

この主張について、札幌地方裁判所は、次のようにのべました。「憲法第24条が「両性」、「夫婦」という男女を考えさせる文言を用いていることにも照らせば、第24条は、異性婚について定めたものであり、同性婚についてさだめるものではないと解するのが相当である。そうすると、「婚姻」とは異性婚のことをいい、婚姻をするについての自由も、異性婚について及ぶものと考えるべきだから同性婚を認めていないことが、第24条1項と同条2項に違反すると考えることはできない。」、「同性婚についてみても、これが婚姻及び家族に関する事項に当たることは明らかであり、婚姻及び家族に関する個別規定である憲法第24条の趣旨を踏まえて解釈するのであれば、包括的な人権規定である同法第13条によって、同性婚を含む同性間の婚姻及び家族に関する特定の制度をもとめる権利が保障されていると解するのは困難である」。

つまり、憲法第24条が保障する婚姻の自由は男女の異性婚について定めたものであり、同性婚を認めないことが違憲とは言えないのですが、第24条は同性愛者のカップルに対する法的保護を否定しているわけでもないということです。一方で名古屋地方裁判所は、同性カップルに対する理解が進み承認しようとする傾向が加速していると指摘し、同性カップルが法でまもられるべきさまざまな利益から排除されていることは合理性がないとして、憲法第24条2項に違反するという判断を示しました。

次に、同性婚を認めない民法や戸籍法の規定は憲法第14条違反かどうかを考えてみましょう。憲法第14条1項には、「すべて国民は、法の下に平等であって人種、

信条、性別、社会的身分又は門地により、政治的、経済的又は社会的関係において、差別されない」と書いてあります。

　原告は「性的指向にもとづく不当な差別で違憲だ。同性カップルと異性カップルとで別のとり扱いをする合理的理由はない」と主張しました。

　一方、国は「憲法は同性婚を想定していないから、異性婚との差異が生じることを認めている。平等原則に反せず合憲だ」また、「法の下の平等であれば、同性愛者であっても異性愛者と同様に、男女で婚姻は可能であり、法は等しく適用されている」と主張したのです。

　これについて札幌地方裁判所は「性的指向は自らの意思で選択・変更できるものではない。同性愛者に婚姻によって生ずる法的効果の一部すら認めないことは、立法裁量の範囲を超え、不合理な差別的取り扱いとなり違憲である」とのべました。また、名古屋地方裁判所は、「性的指向は自分でえらんだりかえたりすることができない。同性愛者にとって同性との結婚が認められないのは、結婚ができないことと同じである。性的指向によってとり扱いが異なるのは憲法第14条1項に違反する」としました。札幌地方裁判所と名古屋地方裁判所の判決は、社会にとても大きな影響を与えました（ただ、民法や戸籍法の規定をかえたり廃止したりしないことが国家賠償法に違反するかという点については、裁判所は認めませんでした）。

5　同性が「結婚」することの意味

● 同性婚に慎重な意見

　いくつかの裁判所で画期的な判決が出ましたが、同性婚に慎重な意見もあります。まず、差別を許さないがゆえに同性婚に慎重な意見を紹介しましょう。

　同性婚が認められることで、「同性カップル＝同性愛者同士のカップル」という誤解が広がって、同性愛者以外の人、例えばバイセクシュアルの人への差別が知らず知らずのうちにつづくことも考えられます。同性愛者の社会的な承認が進むかもしれないですが、バイセクシュアルの人、あるいはそれ以外の性をもつ人の社会的な承認が進まなくなるかもしれません。このように、ある特定の性的マイノリティにとってよい制度でも、ほかの性的マイノリティを圧

迫したり置きざりにしたりする可能性もあるのです。同性愛者をいまある制度に組みこんでよしとするのではなく、どのようにあらゆる人を承認していくのかが問われるということなのです。

　次に、結婚の目的は生殖だから同性婚に反対する意見があるます。これは、結婚は子どもを産んで育てるための制度だから、子どもを産めない同性カップルに結婚を認めるのはおかしいというものです。しかし、民法では生殖能力がないと結婚してはいけないと書いていません。また、死期がせまっている人が婚姻届けを出す臨終婚や、刑務所や拘置所にいる人が結婚する獄中婚は性的な関係をもつことが難しいですが、認められています。これらから、

日本の婚姻制度は生殖を目的としたものとは言いきれないでしょう。

●世界の動向

世界の動きはどうでしょうか。同性カップルの権利保障として、大きく3つの形があります。

第一に、同性カップルを事実婚と認めること。これによって法的な保障を同性カップルにも適用しようということになります。

第二に、結婚とは別のパートナーとしての登録や契約を認めること。これによって結婚に近い法的な保障をすることになります。例えば、フランスでは、PACS（パックス）という形があります。異性、または同性カップルが結婚よりは規制がゆるく、事実婚よりは法的な保障があるものです。パートナーの医療保険が適用される、3年以上たてば税が優遇されるなどの保障があります。

第三に、同性間の結婚を認めること。これが同性婚です。例えば、オランダ、ベルギーなどは同性婚を認めています。スペインはいきなり同性婚を実現しましたが、条例でパートナー契約の有効性を保障したりすることから始まって、同性婚を認めるようになる国が多くなっています。

6　結婚というしくみに国が口出ししない?

学校で以上のような議論をしていくと、生徒から必ず「そもそも結婚という制度じたいをなくしてもよいのでは」という意見が出てきます。これについて、ある法哲学者は「現代の大部分の国家は一夫一婦制だけを法的な婚姻の形態として認めている。それは同性間の婚姻も、一妻多夫も、一夫多妻も、群婚も法的には認めようとしない。これは多様なライフスタイルに対して明確に偏頗な立場をとっており、リバタリアン的な中立性とは相容れない。（中略）もっと根本的に、婚姻という制度を法的には廃止すべきである」[1]とのべています。

このように国の干渉をできるだけ少なくして、個人の自由を最大限尊重する考え方をリバタリアニズムといいます。国家が保障する結婚という制度がなくなればどうなるのでしょうか。おそらく、民間で結婚にともなう利益を提供する会社があらわれるのでしょう。さまざまな保障内容の契約を個々人ですることになるかもしれません。お金がある人はより多くのサービスをうけられて、お金がない人はそれなりのサービスをうけるということになりそうです。

同性婚のみならず、性の多様性への国民的な理解が進むにつれて、家族の法もかわっていくでしょう。どのようにかえていけばよいのか、みなさんも一緒に考えてみましょう。

注 1)森村進『自由はどこまで可能か』講談社現代新書、pp.160～162、2001年
参考文献　大村敦志『もうひとつの基本民法1』有斐閣、2005年／川岸令和『家族生活における個人の尊厳と両性の平等』長谷部恭男編『注釈日本国憲法 (2)』有斐閣、2016年／二宮周平「婚姻」二宮周平編『新注釈民法 (17)』有斐閣、2017年／三輪晃義「同性婚と人権保障」『法学セミナー』(753) 日本評論社、2017年／森山至貴『LGBTを読み解く』ちくま新書、2017年

親は亡くなった子どもの SNSを見れる？
－プライバシーと相続－

keyword ▶ プライバシー　相続　一身専属

亡くなった人にプライバシーはある？

1　亡くなった子どもの SNS を見たい

あなたは、SNS を使っているでしょうか。いまや日本の中学生の約 60%、高校生の約 90% がスマートフォンをもっています。私の勤務していた学校でもスマートフォンを使って SNS をする生徒がたくさんいました。

SNS ではプライベートなメッセージがあったり、特定の人以外には見られたくないデータがあったりするでしょう。保護者には見られたくないので、アカウントを保護者には教えていないという生徒もいるようです。

考えてみよう

> 高校3年生（18 歳）の男子Aが事故で急に亡くなったとします。Aの親は、Aが直前まで使っていた SNS を見て、ちょっとでも当時の状況を知りたいと考えました。亡くなった子どもの SNS を親は見ることができるのでしょうか。

みなさんはどう考えるでしょうか。

生徒に聞くと、多くは「亡くなったとはいえ、A のプライバシーがあるので親は見るべきではない」と言います。

まずはこの意見から検討してみましょう。

2　プライバシーとは？

そもそもプライバシーとは何なのでしょうか。

プライバシー権は、もともとは 19 世紀末のアメリカで「ほっておいてもらう権利」として主張されてきました。その後、1960

年代に、国に対する憲法上の権利として認められています。日本では、「宴のあと」事件で、はじめて裁判所によってプライバシー権が認められました。「宴のあと」事件とは、東京都知事選挙に立候補した

元大臣の私生活をモデルに書かれた小説（三島由紀夫『宴のあと』）が、モデルとされた人のプライバシー権を侵害したとして争われた事件です。東京地方裁判所はプライバシー権を「私生活をみだりに公開されない権利」としました。そして、

① 公開された内容が私生活の事実または事実らしくうけ止められるおそれがある（私事性）
② ふつうの人が公開してほしくないと考えられる（秘匿性）
③ ふつうの人にまだ知られていないこと（非公然性）

を満たしているとしてプライバシー侵害になるとしました（右図参照）。

　この後、インターネットの登場などで、情報化が進みました。そこで、いまでは、集められた個人情報が知らないところで使われたり、第三者にわたされたりするおそれがあることから、プライバシー権は「自分についての情報をみずから管理する権利」（自己情報コントロール権）として考えられるようになっています。そこで、個人情報を扱う企業や行政は、個人情報を使う目的を明らかにすること、その目的の範囲で個人情報をとり扱うこと、目的の範囲外で別のだれかに個人情報を渡す場合は本人の同意をとること、開示・訂正・利用停止などを申し込まれたらそれに応じることが個人情報保護法という法律で定められています。

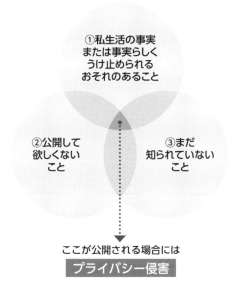

① 私生活の事実または事実らしくうけ止められるおそれのあること

② 公開して欲しくないこと

③ まだ知られていないこと

ここが公開される場合には
プライバシー侵害

資料

日本国憲法 第 13 条
すべて国民は、個人として尊重される。生命、自由及び幸福追求に対する国民の権利については、公共の福祉に反しない限り、立法その他の国政の上で、最大の尊重を必要とする。

　このようなプライバシー権が主張される根拠は、日本国憲法第 13 条にあります。

　憲法にはこのように書かれていて、憲法のとても大切な価値である「個人の尊厳」を明確にあらわしています。社会全体のために個人があるのではなく、一人ひとりは生きているだけで価値があり、その上で個性を発揮して、いろいろな人と協力して生きることで幸せになる、そのために社会があるという考え方が示されています。そのための権利のあらわれとしてプライバシー権があるということになります。

新しい人権と幸福追求権

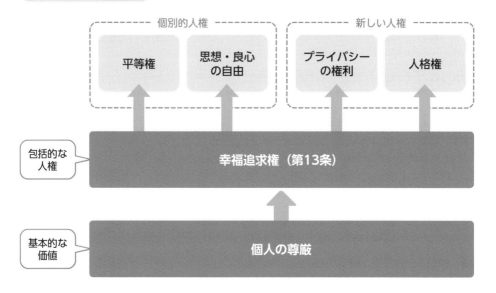

日本国憲法は1946年に公布されてから今日まで一度も改正されていません。そのため、時代が変化するにつれて、公布当時には考えられていなかったけれど、いまの時代には必要と主張される人権も増えてきています。代表的なものがプライバシーの権利、環境権、自己決定権、知る権利など「新しい人権」といわれるものです。

これらの権利を認める方法は大きく3つあります。1つ目は、憲法の改正によって新しい権利を追加して書きこむ方法です。しかし、この方法は憲法改正というしっかりとした手続きがあるため、難しいのが現状です。2つ目は、憲法に書きこむのではなく立法（新しい法律など）によって認める方法です。実際、憲法に明記こそされていないものの、プライバシーの権利の考え方は個人情報保護法、知る権利の考え方は情報公開法、環境権の考え方は環境基本法などに反映されています。3つ目は、訴訟の過程で、裁判所の解釈を通じて実現していくという方法があります。

いずれにしても、新しい人権を主張するためには根拠となる規定がなければなりません。そこで、持ち出されるのが日本国憲法第13条です。憲法第13条は、個人の尊重を基底に、国民の生命・自由・幸福追求の権利を保障しているもので、「幸福追求権」とよばれるものです。幸福追求権は、第14条以下の個別的人権の単なる総和ではなく、その基底にある「包括的人権」と考えられています。

3 亡くなった人にプライバシー権はあるの?

亡くなった人にもプライバシー権はあるのでしょうか。これを生徒に聞くと、「自分が死んだ後にSNSが親に見られるのは嫌だから、プライバシー権はあってほしい」や「宴のあと事件の判決で示された要件に当てはまるのであれば、家族にも知られたくないという本人の思いがあると考えるのは当たり前。生きているときに見られてもいいと言っていないのであればだれにもみられないようにすべき」という意見が出てきます。一方で、「自己情報コントロール権ならば、情報をコントロールする人がいないのだから権利はないはず」という意見も出てきます。

生徒が言うように、SNSの個人のアカウントには、とてもプライベートな情報があります。しかし、遺族からすれば「亡くなった人の手紙や日記を読むことはこれまで普通に行われてきた。デジタルであっても、親としては見たいと思うのは当然だ」と思うでしょう。これは、どのように考えればよいのでしょうか。

プライバシー権は日本国憲法第13条にもとづくと言いました。日本国憲法の人権という考え方には、3つの性質があるとされます。それは、だれかから与えられたものではなく人であればだれもがもつ権利であること（固有性）、人種や性別などに関係なくあらゆる人がもつ権利であること（普遍性）、権力によって侵されない権利であること（不可侵性）の3つです。そして、固有性から、だれにも譲れないという不可譲性、生きている間の自分だけという一身専属性が出てくると考えられています。プライバシー権は一身専属的な権利なので、亡くなった後にもプライバシー権があるというわけにはいかないでしょう。

ただし、今回の事例の場合、亡くなったAがメッセージを送り合った相手がいます。その通信相手のプライバシーは尊重されなければならないでしょう。そこも含めて考える必要があるでしょう。

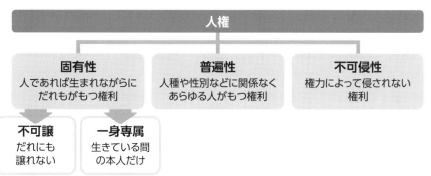

4　デジタル遺品

　亡くなった人がのこしたパソコンやスマートフォンなどに保存されたデータや、インターネット上の登録情報などは、デジタル遺品とよばれます。デジタル遺品はパソコンなどに保存されたデータと、インターネット上のアカウントやデータに分けることができます。パソコンやスマートフォンなどの形があるものに保存されたデータは、紙の手帳や日記と同じように扱えばよいと考えることもできるでしょう。しかし、アカウント内の情報は日記のように形があるわけではありません。亡くなった人のアカウント内の情報は、「アカウントにアクセスすることができる」という権利がかかわります。

このアカウントへのアクセス権のようなものをどのように扱えばよいのでしょうか。

　亡くなった人の家族としては、亡くなった人をいたむために生前の思いを知りたいと思うでしょう。一方で、自分のプライベートなことはたとえ家族であっても知られたくないという亡くなった人の思いがあるかもしれません。また、亡くなった人とプライベートなDMをやりとりしている相手の個人情報を守る必要や、トラブルに巻き込まれたくないSNS会社の立場などがあります。デジタル遺品をめぐっては、さまざまな人の思いや立場があるのです。

5　相続

　亡くなった人にプライバシーの権利はありませんが、親が子どものSNSを見ることができる法的な根拠は何でしょうか。

　未成年であれば、親には親権があるからということになるでしょう。しかし、の男子A君の場合、18歳ですので成年のため親権の対象から外れます。また、Aは 考えてみよう 亡くなっているので親権の対象ではありません。そこで、考えられるのが「相続」という根拠です。

　親がアカウント内の情報を見る権利がある根拠としては、大きく2つ挙げられます。

　第一に、亡くなったAの人格権を相続したという主張です。人格権とは、生命、身体、自由、名誉、プライバシーなど個人が生活をする上で保護されるべき権利のことです。Aは自分がアカウント内に残した情報を見る人格権があるから、それをお母さんが相続したということです。相続について書かれている民法の条文を見てみましょう。

民法 第896条

相続人は、相続開始の時から、被相続人の財産に属した一切の権利義務を承継する。ただし、被相続人の<u>一身に専属したもの</u>は、この限りでない。　　　　　　　（波線筆者）

人格権は個人が生活するうえで不可欠な権利なので、その人が生きていた間だけの権利、まさに「一身専属」の権利と言えるでしょう。これは、相続する人が何人かいる場合を考えるとわかりやすいと思います。例えば、お母さんは「SNSのDMを見たい」と言い、お父さんは「子どもの気持ちになれば見るべきではない」といった場合どうすればよいのでしょうか。本人のためにどちらがよいかは、本人にしかわからないので、人格的利益は一身専属と考えるのが妥当でしょう。

第二に、AとSNSサービス会社がむすんだ契約にもとづく請求権をお母さんが相続したという主張です。これは、もともとA

とSNSサービス会社とが「利用規約」を内容とする契約をむすんでいて、この規約にもとづきAはSNSサービス会社にアカウント内の情報を見せなさいという権利をもっているわけです。この権利を相続したという主張です。

ここでも問題になるのは、やはり民法第896条がさだめる一身専属性との関係です。アカウントはほかの人に渡したり、貸したりすることについては想定していない規約になっています。そうなるとやはり一身専属的な権利のため、相続ができないのでしょうか。

あなたはどのように考えるでしょうか。

6　ドイツでの事件と判決

このSNSのアカウントをめぐる裁判がドイツでありました。

考えてみよう

2012年、ドイツで15歳の女の子が地下鉄にはねられて亡くなりました。女の子のお母さんは事故なのか自殺なのか知りたいと考えて、女の子が使っていたFacebookにログインしてDM（ダイレクトメッセージ）を見ようとしました。しかし、すでに亡くなった人の情報保護アカウント（追悼アカウント）になっており、メッセージを見ることはできませんでした。困ったお母さんはFacebookに問い合わせました。

すると、Facebookは、プライバシーの関係で本人がやりとりした過去のメッセージを読むことはできないと主張しました。そこで、お母さんは相続人としてアカウントにアクセスする権利があるとして旧Facebook社（現メタ）を相手に、子どものメッセージを見ることをもとめて裁判を起こしました。お母さんは亡くなった子どものFacebookを見ることができるのでしょうか。

　追悼アカウントは、「追悼アカウントのリクエスト」に、亡くなった人のアカウント名や亡くなった日、訃報記事など亡くなったことを証明できる書類へのリンクなどを入力して送信すれば、旧Facebook社（現メタ）が判断して設定されます。そうなるとログインができなくなって、アカウントが

のっとられることを防ぐことができるようになります。そして、亡くなった人に送られたDMを読んだり、投稿した内容を削除したりすることはできなくなります。
　今回の事件は民事裁判ですので、そこから事件の争点をもう一度考えてみましょう。民事裁判では、原告が被告に対して

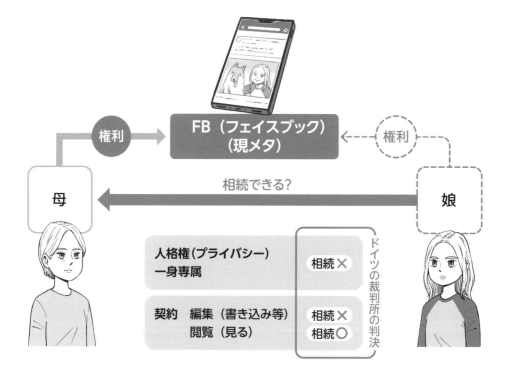

どのような権利があるのかを考えることになります。今回の事件では、お母さんがFacebook社に対してアカウント内の情報を見る権利があるかどうかを考える必要があります。そのような権利があるのであればFacebook社はお母さんにアカウント内の情報を見せなさいという判決になり、そのような権利がなければお母さんの請求は認められないということになります。

そのため、この事件を考えるときは、お母さんがアカウント内の情報を見る権利がある根拠としてどのようなものがあるかをあげていって、それぞれアカウント内の情報を見る権利があるかどうかを考える方法をとることが有効でしょう。

ドイツの裁判所はどのように考えたのでしょうか。

第1審は、お母さんの主張が認められました。第2審ではFacebook社の「通信のプライバシーは憲法で保障されている」という主張が認められました。そこで、お母さんは連邦裁判所に上告しました。

ドイツの連邦裁判所は、「アカウント内のデータを書きかえたり一般的に公開したりするなど編集することをもとめる権利」と、「アカウント内のデータを見ることをもとめる権利」とを区別しました。その上で、データを編集することをもとめる権利は一身専属なので相続はできないが、データを見ることをもとめる権利は一身尊属でないから相続できると判断しました。そして、「日記や手紙の相続は一般的で、デジタル上の内容だからといって扱いをかえる理由がない」として、お母さんが子どもの投稿や友人とのメッセージのなどを読むことを認めました。

7　新しい社会問題の考え方

今回の事件は、新しいものであり、とても微妙なものでした。ドイツの裁判所は紹介したように判断しましたが、それが絶対に正しいというわけではありません。このような新しく、判断が分かれる事件は、今後日本でも起きてくるでしょう。そのときに、どのような判決が望ましいのか市民として考えることが大切だと思います。

民事事件を考えるときには、ここまで見てきたように「請求権があるか」「それがあるとする根拠は何か」という見方で考えるとよいでしょう。

参考文献　渋谷秀樹「死者の個人情報の行方」『スターバックスでラテを飲みながら憲法を考える』有斐閣、2016 年
　　　　　高橋和之「立憲主義と日本国憲法　第 4 版』有斐閣、2017 年
　　　　　土井真一「第 13 条」『注釈日本国憲法 (2)』有斐閣、2017 年

法学のイメージ

みなさんは、「法学」ということばにどのようなイメージをもっているでしょうか。分厚い六法全書を思い浮かべる人もいるかもしれません。あるいは、弁護士や検事が活躍するドラマや映画を思い浮かべる人もいるかもしれません。いずれにせよ、何か専門性が高く難解なものというイメージをもっている人が多いようです。

しかし、みなさんが教養として法を学ぶときには、難解なイメージは不要です。法を学ぶときに重要なのは、「よりよい社会を実現するためにみなさんが法を創っている」というイメージをもつことです。法は、社会のあり方や人々のかかわり方を円滑にするための道具です。

そして、日本は民主主義国家です。法の代表例は「法律」ですが、法律を新設したり改正したりするのは国会です。その議員を選挙で選出するのは国民です。つまり、大原則として、法律とは国民の総意によって「創られている」ものなのです。もちろん、あくまでも国会を介して間接的に民意が反映されるだけなので、1つ1つの法律すべてについて、国民の多数派意見がそのまま採用されるとは限りません。しかし、基本的には、国民の多数派意見に合った法律が採用されやすいことは間違いないでしょう。

もっとも、単純な多数決原理で法をきめてしまってはまずい場合もあります。そのため、法を新設したりかえたりするときには、少数派の人々の人権を侵害していないか、少数派の人々にとってあまりに不利な内容でないかなど、慎重な議論も必要になります。

ともかく、よりよい社会を実現するためには、みなさん自身が、現在の法をかえたほうがいいのではないか、新しい法を創ったほうがいいのではないかといったことを考えて、常に声をあげていくことが大切です。

Chapter1では、社会の成り立ちや家庭内の場面を中心にさまざまなトピックがとりあげられています。知識を覚えるという姿勢で読むのではなく、法をどうするべきか、ぜひみなさん自身の意見を考えてみましょう。　　　　（齋藤宙治）

law for school

学校と法

chapter 2

宗教を理由に授業をうけない ことは認められるの?
−日本人の宗教観−

keyword ▶ 宗教　信教の自由

Step
1
宗教と法律の関係性は?

1 宗教を理由に授業をうけなくてもいいのか?

　世界にはさまざまな宗教があります。私たちの身の回りにもお寺や神社、教会など、宗教施設を見る機会は多いかもしれません。各宗教には教義とよばれるものがあり、宗教を信じるものは、私生活においても守らなければならないきまりがあります。

　例えばあなたが、宗教を理由に授業をうけたくないと友だちから相談をうけたら、どのように答えるでしょうか。

　実際にあった裁判で、宗教を理由に授業に出なかったらどうなったのか、という事例があります。

Example Case

【事例❶　宗教的理由から授業をうけなかった生徒の事件】

　公立高校の生徒が、自分の信ずる宗教の教義（絶対的平和主義）に反するという理由から、必修科目（体育）の剣道の授業を拒否しました。その結果、生徒は単位をとることができず留年となりました。そしてその次年度も原級留置処置（つまり留年）をうけたため、学則にしたがい学校長により退学処分をうけました。

さて、あなたはこの生徒は退学処分をうけなければならないと考えますか。退学処分は必要ないと考えますか。その根拠はどのようなものでしょうか。このような観点からExample Caseを考えるために、まずは宗教と私たちの関係を考えていきましょう。

2　データから宗教を見てみよう

あなたは「宗教」って聞いたとき、どのようなイメージをもつでしょうか。神秘的なイメージでしょうか、それともすこし胡散臭い印象をもつでしょうか。日本において「宗教」を身近に感じて生活している人は、あまり多くないのかもしれません。そのため宗教を身近に感じられず、なぜ、人は宗教を信じているだろうかと考えるかもしれません。

そこで、質問です。

日本国内で「宗教」を信じている人って、どのくらいいると思いますか？　宗教を信じる人（信仰する人）を信者と言いますが、その数は多いのでしょうか、少ないのでしょうか。右に示す図を見てください。この数を見てどんな印象をもちましたか。なんと…実は、日本で約1億8000万人もの人が宗教を信じているとされています。現在、日本の人口は約1億3000万人弱しかないのに、1億8000万人など不思議な数字がなぜ出るのだろうと思ったことでしょう。しかし、宗教を複数信じている人もいますので、矛盾は無いのです。古くからある家には、「神棚」と「仏壇」の両方があるのではないでしょうか。そのためその家では、双方の宗教団体に加入しているとい

うケースもあるはずです。またこの統計は、各宗教団体が、その規模を大きく見せるために、自分たちの計算方法にもとづいて数値を出しているので、信者の数が多くなる傾向にあるとも言われます。

信者が一番多いと言われる神道系を例にすると、神社の数は『宗教年鑑』によれば約8万社あり、大手コンビニの店舗数である約5万軒よりも多いことが知られています。このように考えると、宗教を信じている人も宗教施設も、思っているより数が多いことを理解していただけるのではないでしょうか。

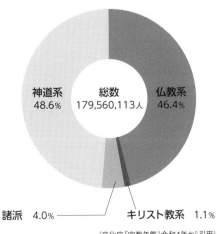

わが国の信者数 (令和3年12月31日現在)

神道系 48.6%　総数 179,560,113人　仏教系 46.4%

諸派 4.0%　キリスト教系 1.1%

（文化庁『宗教年鑑』令和4年から引用）

3 日本国憲法と宗教

　日本の法律では、「宗教」をどのように扱っているでしょうか。

　日本の憲法では「宗教」についてどのように書かれているか、見てみましょう。まずは大日本帝国憲法（1890年施行）の宗教に関わる規定を見てみましょう。

大日本帝国憲法 第28条
シンミン　アンネイチツジョ　サマタ　オヨビ
日本臣民ハ安寧秩序ヲ妨ケス及臣民タル
　　　　　　　ソム　　　　　　　　　オイ
ノ義務ニ背カサル限ニ於テ信教ノ自由ヲ
有ス

資料

　条文を読む限りは、臣民の義務にそむかない限り「信教の自由」はありそうな感じがします。実際、「五榜の掲示（1868〈慶応4〉年）」で禁止されていたキリスト教は、1873（明治6）年に禁止令が解かれました。そのため明治期には海外からキリスト教布教のためにやってきた宣教師や神父も多くいました。

　一方、国民統合としての役割をはたすために利用されたのが「神道」です。明治政府はこの神道を重要視しました。神道の考え方が当時の天皇の権威を高めるために必要だと考えた政府は、神道の宗教施設である神社を管理下におきました。そのため戦前には内務省が神社を管理するというしくみをつくっていました。

　神社を内務省が管理する一方で、明治政府は神道を宗教ではないという考え方を採用しています。結果的に神道は宗教とは別扱いとして、それ以外のさまざまな宗教を容認するという考え方を採用したのです。そのため、単一の宗教のみを信じるとする考え方の人々とは、しばしば対立が生じることになりました。当時から神社へのお参りがいやだと思っている人たちも少なからずいました。

　第二次世界大戦後、これらの問題に対する反省がありました。そのため、戦後の新しい日本国憲法（1947年施行）では大日本帝国憲法とちがい、宗教は厳格に自由が保障されました。宗教にかかわる規定は下記のようにさだめています。

日本国憲法 第20条
①　信教の自由は、何人に対してもこれを保障する。いかなる宗教団体も、国から特権を受け、又は政治上の権力を行使してはならない。
②　何人も、宗教上の行為、祝典、儀式又は行事に参加することを強制されない。
③　国及びその機関は、宗教教育その他いかなる宗教的活動もしてはならない。

資料

　「信教の自由」と「政教分離」がさだめられている条文になります。憲法がつくられた当時、先ほどお話しした戦前への反省がこめられていると考えられています。

4　宗教のルールとは?　〜イスラーム教を例にして〜

　宗教には、Example Caseでも見た通り、宗教を信じるものは、私生活においても守らなければならないきまり（ルール）がさまざまあります。ルールは宗教によって「戒律」とよばれたり「（神様との）契約」とよばれたりします。高校でイスラーム教の学習をするときに「六信五行（「ろくしんごぎょう」と読みます）」ということばを聞いたことはないでしょうか。このことを簡単に説明するならば、イスラーム教を信仰する人は「6つのことを信じなさい」「5つの行いをしなさい」というきまりごとがあるのです。例えば、1日に5回、メッカ（サウジアラビア）にむかって礼拝することが5つの「行い」の1つとしてあげられます。近年はイスラーム教徒むけに、メッカの方向を示すスマホのアプリが開発されているぐらいです。宗教を信じる人たちの中には、ほかの宗教を信じる人や無宗教の人とは異なるルールをもつ場合があり得ます。

　日本においても外国の人たちが多く来日してくる時代になってきました。こういう状態のことを多文化社会と言いますが、さまざまな文化的な背景をもった人々と一緒に生活することがふえてきました。多文化社会が進展することにともなって、日本でも対応がとられるようになってきました。例えば、イスラーム教の人たちが食べることができる食事であることを示したり、イスラーム教の食事方法に適した食品であるハラル認証も行われるようになってきました。このほかにも礼拝に関しては、海外から来る人が多い場所である飛行場や大きなターミナル駅に、礼拝室が設置されている例もふえてきました。これはさまざまな宗教をもつ人々に対して、礼拝を保障する動きとして注目することができます（下写真参照）。

　このように、それぞれの宗教にはきまりが存在しています。それは宗教が大事に思う考え方を、各人に対して行動にしたり内心でしめすものであり、最大限に尊重されることが求められています。どの宗教にも多かれ少なかれ、きまりごとはありますし、個別の法律でこれらは保護されていることもあります。例えば刑法では、礼拝所不敬罪（刑法 188 条第 1 項）や説教等妨害罪（刑法 188 条第2項）など、宗教的な気持ちを保護するために法律がさだめられています。

福岡空港にある礼拝室の入口

信仰の自由はどこまで認められるのか?

5 教育と宗教の微妙な関係

日本国憲法では宗教上の行為や祝典、儀式などの行事に参加することは強制されないとされています。一方、多くの学校で修学旅行は行われており、班活動が実施されます。さて、修学旅行の自由行動の時間に、班のメンバーが神社への訪問を設定したとしましょう。憲法では国およびその機関は「宗教活動」はできないとしているのに、学校の班活動でこのようなことが行われるのは変じゃないかと考えられるでしょう。「自分の立場」と「周りの立場」を想像しながら、どのような話合いが必要かを考えてみましょう。

まず、教育とは何かという基本に立ち返ろうと思います。教育については、教育基本法・学校教育法で、次の資料のようにさだめられています。

学校で行う教育は法律によってさだめられています。教育基本法では教育の目的として、「人格の完成を目指し」ており、学

校教育法では、「学校の種類に応じ、(中略)、設置基準に従」うことがもとめられています。そのため、学校は、文部科学大臣がさだめた設備や教育課程の編成などに関してしたがうことがきめられています。例えば、中学社会科で学ぶ内容や順番は学習指導要領という「文部科学省告示」によってきめられているのです。一方で、憲法では宗教に関わる事柄を尊重することがきめられていることは先ほどものべた通りです。学校は宗教についてどのようにさだめているでしょうか。教育基本法では右の資料のようにさだめられています。

この教育基本法第15条2項において、国立や公立の学校では「特定の宗教のための宗教教育」をしてはならないとなっています。したがって、国や地方公共団

教育基本法 第1条 資料
教育は、人格の完成を目指し、平和で民主的な国家及び社会の形成者として必要な資質を備えた心身ともに健康な国民の育成を期して行われなければならない。

学校教育法 第3条
学校を設置しようとする者は、学校の種類に応じ、文部科学大臣の定める設備、編制その他に関する設置基準に従い、これを設置しなければならない。(下線筆者)

体が設置している学校（都立や県立、国立などの学校です）では、「特定の宗教」のための教育することを禁じていることがわかります。その上で、宗教に関する地位は教育上尊重されることが明記されています。尊重をめざす1項と、国公立学校で宗教教育をすることを禁ずる2項という形であることがわかります。結果的に、宗教系の私立学校をのぞけば、宗教的な教育活動が行われない理由はここにあるのです。

教育基本法
第15条　（宗教教育）
①　宗教に関する寛容の態度、宗教に関する一般的な教養及び宗教の社会生活における地位は、教育上尊重されなければならない。
②　国及び地方公共団体が設置する学校は、特定の宗教のための宗教教育その他宗教的活動をしてはならない。

（下線筆者）

6　学校の授業と宗教について

　最初に示した【Example Case 事例❶宗教的理由から授業をうけなかった生徒の事件】では、この生徒は「自己の宗教的信条と根本的に相いれないとの信念（判決文より）」のために、授業に参加することができないと主張しました。一方で公立学校側は、代替ができない授業内容であり、単位をとることができなかったため留年処分を行ったとして、裁判になりました。

　さて、現在、中学においては「武道」が必修とされており、すべての生徒が授業をうける必要があります。一方で、特定の宗教にとっては、「武道」を行うということは、容認できないとする考え方も理解できると思います。学校のカリキュラムは、選択の科目などがある場合をのぞけば、国によって一律にきめられていることが多いため生じる問題だとも言えます。そこで、ここで考えてみたい問題は次の2点です。

Example Case の裁判では、生徒側の主張を認める判決が下されました。

その際、論点1については、信仰を理由にした剣道実技拒否理由は「信仰の核心部分と密接に関連する真摯なもの」であるとして、「信仰の自由」をこの場合において認めました。また、論点2については、単なる怠け（裁判では「怠学」と言いました）であるかどうかが判断の材料となるので、「外形的事情の調査」（客観的な調査による判断）をすることはかまわないという判断を下しました。

この裁判では、さまざまな論点がありましたが、公教育の宗教的中立性の問題がクローズアップされた点を重視して考えることが必要でしょう。

普段なにげなくうけている授業が、一部の人（少数の立場の人）の信仰と対立してしまったときに、どのように考えて行動すべきでしょうか。

次に、海外の事例も見てみましょう。

7 多文化社会の中で生きる私たち

多文化社会の中でよりよいルールをつくることができるでしょうか。

「ルール」をつくる以上、そのルールには価値観がどうしても含まれることになります。しかし、複数の民族が居住する多民族国家や、国家の中に少数民族や先住民族がくらすような国がほとんどである現在、私たちはルールをいかにつくっていくべきでしょうか。ここに民主主義との関係で大変な難しさがあるのです。

かつて、この問題にとり組んだ人がいます。それは教科書にも出てくる思想家のJ.S.ミルです。ミルは建国当時のアメリカを視察した際に、「多数者の専制」という問題があると考えました。これは、民主主義において多数者が少数者を抑圧する現象が起きるのではないかという問題です。

私たちは民主主義が当たり前のように感じていますが、少数者の立場から見たときには、自分たちの意見が反映されていないと考えることも少なくありません。近年では、少数派の人たちの意見を尊重し、理解をすすめる活動がみられるようになってきました。

例えば、オーストラリアにある「ウルル（エアーズロック）」は世界でも有名な一枚岩として、観光客にも有名な場所です。観光のために登山する旅行客も多かった場所です。しかし、先住民の人たちにとっては信仰の岩であり、通過儀礼の行われる

文化的にも重要な岩でした。そして文化的・宗教的な意味合いとして、大切な場所であるとの思いから、2019年からは観光客むけの登山が恒久的に禁止されることになりました。この場合も多数派の利益よりも少数派の価値が大事にされた例であると考えることができます。

日本の国内でも同様のうごきはあり、過去に対する反省や権利回復にむけたうごきがあります。例えば、東京大学が研究目的であつめたアイヌ人の遺骨を返還することも、同様のうごきだと考えることができます。これらの問題は、当時民主的にきめたルールであっても、社会状況の変化でルールを変更したものと言えます。

私たちは多文化社会の中で生きるにあたって、どのような「ルール」のつくり方をしていけばよいでしょうか。無意識の中にある価値観を意図せずに押しつけてないか考えていかなければなりません。

登山が禁止されたウルルの登山口

8　多文化社会の中における『教育と宗教』の関係

最初に紹介した事例は、国がさだめた教育上のルールと宗教が大事に思う価値との狭間で起きた問題でした。実は海外でも似たような事例があります。フランスでは、公立学校で宗教を示す服装を禁止するかどうかで、大きな議論が起きた例（いわゆる、ベール論争）もあります。人それぞれが重要だと思う価値が多様であることは、多文化社会の根本であると考えたとき、教育の場面でどこまで尊重するのかは重要な論点になってくると考えられています。日本で起きた事例や海外で起こっている事例などを参考にして、どのように宗教とむき合うべきかを考えていってください。

参考文献　土屋英雄「宗教上の理由に基づく『剣道』の不受講」、『別冊ジュリスト　憲法判例百選I〔第5版〕』有斐閣、2007年
　　　　　辻村みよ子「人権をめぐる十五講」岩波現代新書、2013年

子どもをデザインしていいの?
−生命倫理を考える視点−

keyword ▶ 生命倫理

デザイナーベイビーとは何かを考える

1 望み通りの血液型の子どもがほしい?!

　学校生活の中で、クラスメイトの運動能力や身体的な優秀さなどをうらやましいと思うことがありませんか。もし、それらの能力が遺伝によってもてるとしたら、あなたはどんな能力をもちたいと思いますか。中高生なら、そんなことを考えたことがある人もいるかもしれません。もし、仮に自分が子どもをもとうとしたとき、自分が望む遺伝子をもつ子どもを生むことができるとしたら、その技術を利用したいと思いますか。生まれてくる子どもの遺伝子を操作したい

と考えるでしょうか。

　社会では、そのような夢の技術を利用するのか否かで議論されている話題があります。それが「デザイナーベイビー」とよばれる問題です。ここではデザイナーベイビーと言われる、親が望む遺伝子をもつ子どもを出産できる技術について、倫理的な問題を考えていきたいと思います。

　次に紹介する映画『私の中のあなた（原題：My Sister's Keeper)』を読んで、あなたはどのように感じたでしょうか。

Example Case

映画の主人公であるアナ・フィッツジェラルドには、姉ケイトがいます。姉は 2 歳のとき、急性前骨髄球性白血病という病気にかかりました。この病気の治療には、骨髄移植が必要になります。骨髄移植は HLA とよばれる白血球の血液型が適合しないと行うことができません。しかし両親は娘であるケイトとの HLA 型が適合しませんでした。どうしても、ドナーを必要とする姉ケイトのために、夫婦は受精卵の段階で遺伝子操作を行い、デザイナーベイビーとして生まれてきたのがアナなのです。主人公のアナは自分の身体を守るために弁護士を雇うことをきめたのです。

2　デザイナー・ベイビーの現実から考えてみる

　あなたは、映画のようなできごとが実際に起こると思いますか。

　最近、遺伝子にかかわる分析技術や医療技術の発達にともなって、新しい技術を用いることで、私たちの選択肢もふえてきています。私たちに技術をえらぶ自由が与えられている結果として、医療行為にかかわる何らかの選択を迫られることがあるのです。「脳死」の問題はその一例でしょう。自分や家族がどのような形で生命を終えるのかを考えなければならないのも、ある意味で技術の発展にともなって出てきた問題だと言えます。

　さて、映画『私の中のあなた』のお話そのものはフィクションになりますが、海外では同様の技術を用いて子どもが実際に誕生しています。その結果、この技術を使用したことについて、生命倫理と法規制との間で大きな論争にもなっています。

　家族（兄弟）を救うために誕生した子どものことをここでは「デザイナーベイビー」、特に「救世主兄弟」とよびます。出生前診断を利用すれば、お姉ちゃんやお兄ちゃん（その他の家族も）を救うために、血液型を含めて望み通りの子どもを出産することが、技術的には可能なのです。この映画の主人公であるアナが生まれた理由も、同じ理由でした。

　改めて、あなたはこの技術を用いることに賛成しますか。

3　生殖医療の技術と現実から考えてみる

　映画の中で、通常の妊娠は「愛し合って子どもが生まれる」と語られます。一方、アナ自身は、自分が通常の妊娠とは違う形（人工的に生まれた子ども）で生まれたことを知っています。アナは「本来生まれるはずが無かった」とも言っています。アナは姉の病気を治すために生まれてきたといっても過言ではありません。先ほど述べた通り姉を救うためにつくられたのが救世主兄弟である妹・アナなのです。

　救世主兄弟ができるようになったのは、近年の生殖医療技術の進展がもたらした結果です。先に生まれてきた子どもの病気を治すために、次に生まれてくる新しい子どもを人工的に作製してえらび、出産をします。この技術があれば、遺伝子でわかる先天的な形質については、人為的にえらぶことが可能になります。

　では、どのような技術で救世主兄弟は生まれるのでしょうか。

　救世主兄弟を生み出すために必要な技術とは、次ページの図のようなものとなっています。

「救世主兄弟」を生み出す技術

　体外授精技術と着床前診断の技術はもともとあった技術です。現在でもそれぞれの技術は日本国内でも使われている生殖医療です。この2つの技術を組み合わせることによって、自分が望んだ形質をもった子どもを出産することができます。

　具体的には体外受精を行ったあと、体細胞分裂が数回おきた状態になった段階で、着床前診断を実施します。この際に胚（受精卵が体細胞分裂した状態のもの）から一部の細胞を抜きとり、遺伝子解析を行います。遺伝子解析によって得たデータから、血液型や遺伝性の病気の有無がわかります。その上で望んでいる形質の胚を母親の身体にもどすと、遺伝的なデータが適合した子どもが出産できるのです（通常、人工授精を行う場合には複数の卵子を使って行うため、その時点でも私たちの選択が必要です）。

救世主兄弟は体外受精と着床前診断を活用する

（1）体外受精（複数）

（2）着床前診断
（望まれる胚を1つえらぶ）

（3）母体にもどす

（4）移植　救世主兄弟の誕生

　ここでは2つの技術を組み合わせることで、デザイナーベイビーをつくり出すことができます。海外では実際に例があるというお話を先ほどしました。では、実際に日本で行われているのでしょうか。先に結論だけ言ってしまえば、現在のところ、行われていません。理由は倫理的な課題が解決していないからだとされています。

　倫理的な課題が解決したとして、あなたはこの技術を利用して、望んだ形質をもった子どもを出産したい（出産してもらいたい）と考えますか。

Step 2　生命倫理問題をいかに解決するか

4　子どもの人工的選択における倫理的問題

　私たちはなぜ、人工的にえらばれた子どもを出産することに対して違和感をもつのでしょうか。

　生命の誕生という場面に対して、私たちが介入できない（してはいけない）と考えている人も多いのではないでしょうか。本来、男女間の性交渉によって子どもは生まれてくるものです。精子と卵子が受精卵となり、着床することによって成長します。問題は、自分たちの子どもを人工的にえらぶことが可能であるとすれば、「男女」の産み分けや先天的にきまると言われる「髪の色」や「血液型」も、カップルの間でえらぶことが可能になってきます。

　例えば、男女の産み分けが問題になっているような国では、当該の技術利用が可能になれば、子どもの男女比にも影響を与えるようなことになりかねません。

　また、別の意味で違和感をもつ人もいるかと思います。それは倫理問題で生じてしまう「滑り坂理論」と言われている問題です。滑り坂理論とは、生命倫理で何かの決定をした場合に、別の影響が発生することをさします。個人的によいと思った決定が、別の課題を生み出してしまうという場合のことをさします。

　例えば、以下のような意思決定をした場合、自分自身が善意で判断したとしても、その決断の結果、別の事例で悪い影響が出てしまう現象となっています。

意思決定
「救世主兄弟」の技術利用を認める

ふみ出す

「デザイナーベイビー」を容認する

滑り坂を落ちていく

男女の産み分けのような例でもあらゆる場合でデザイナーベイビーを容認する

　この場合、病気を患った兄や姉を助けるために「救世主兄弟」を誕生させることを容認すれば、ほかの理由で「デザイナーベイビー」を出産することに対しても容認せざる得ない結果を生み出してしまっています。まさに、ある決定をしたことにより滑り坂をころげ落ちるように、すべての行為が容認されてしまうという結果になってしまうのです。

　一方、滑り坂を禁止するために、細かい条件を付けることもできるでしょう。先ほどの例では「救世主兄弟」の場合のみに利用を認めるといったことが考えられます。

しかしこれも問題をはらむことになります。なぜ「救世主兄弟」の場合だけ認められるのかということです。

たしかに技術として、デザイナーベイビーを生み出すことができたとしても、そのような領域に人間の手を加えることに課題があると主張する人もいるでしょう。また、別の例で考えれば、先天的な病気を予防するためにデザイナーベイビーを利用するという場合でもいいでしょう。こちらについては、遺伝性の病気を発生する胎児が生まれる可能性があるものを排除する可能性があるわけです。実際、そのようなニュースも存在しています。結果的に、先天的病気に対する差別を助長しないかといった議論が起きることは、想像できるのではないでしょうか。

つまり、自分がよかれと思って意思決定したことでも、次々にそれにつづく別の問題を考えなければならない状況を発生させ、巻き込まれていくのが「滑り坂理論」なのです。そのため、はじめの一歩をふみ出す私たちの意思決定を難しくさせていると言えるでしょう。この問題は複雑な条件と結果がまじりあうため、私たちの決断はますます難しくなるのです。

5　生まれていない胚（受精卵）は権利の主体になりうるのか？

私たちは、おなかの中から赤ちゃんが生まれてきて初めて「人」が誕生したと考えるでしょう。法においても、権利の主体となる「人」と考えるのは、出生、つまりおなかの中から生まれてきた段階とさだめられています（民法第3条では「私権の享有は、出生に始まる」とあります）。

例外として胎児にも一部法的な権利が認められているとするのは、

① 損害賠償の請求をする場合

② 相続する場合

③ 遺言で財産を贈る場合

ですが、いずれも、無事に出生した場合に限りその権利などを有しているとされます。

デザイナーベイビーにおいて、おなかの中にもどされない胚は、廃棄されることが通例です。おなかの中にもどされなかった胚は、体内にもどせば出生する可能性があるのに、生まれてくる権利を認められないのでしょうか。

胚の状態では自分の意見を言うことはできないので、それはもち主（カップル）の自由、と考えてもよさそうです。しかし、胚の状態であるということは、子どもとして育つ可能性をもっている状態とも言えます。この胚の状態を権利の主体として考えることができるのか。このことについても意見は分かれるところではないでしょうか。

「救世主兄弟」を望んでいる（容認する）場合には、遺伝子の型が合わなかった胚は生まれてくる可能性はなくなります。結

果的に、胚に権利が認められないということが言えてしまいます。

　私たちが選択という行為をすることによって、何者かの権利を侵害しているという恐れがあることを自覚しなければなりません。

　そのため、障がいをもった子どもを抱えている保護者の団体には、出生前診断そのものに反対している方もいます。それは、出生前診断によって「胚」の状態で障がいをもった子どもを選別することにつながり、その子の生まれてくる権利を侵害していると考えるからです。

　先ほどの滑り坂理論は、ある決定が別の問題を生み出すと言いましたが、技術を用いることによって、差別を容認する可能性があるということも理解しておかなければなりません。

6　倫理的な問題の解決策

　生命倫理を個人の問題として考えるならば、自分の問題として処理することができます。一方で、個人の問題として考えるのではなく、社会全体で考えていくという考え方もあると思います。問題は、子どもを生むという行為を社会全体で考える必要性があるのかどうかを考えなければなりません。本質的には子どもを産むか産まないかといった問題はきわめて個人的な問題です。そのため、他者から介入されるような問題ではないと考えられています。一方で、子どもを産むという行為に医療行為が入りこむことによって、個人の話から第三者（医師などの病院組織）が介入してくることになります。そうなった場合、個人の話から医師が技術を利用してよいのかという問題につながってくることになります。

　すなわち、個人（夫婦だったりカップルという意味で）で意思決定できた行為に対して、デザイナーベイビーをつくるためには、他者の介入が必要になることになるのです。

❶普遍主義	❷分離主義	❸個人主義
倫理問題の解決を、法・ルールをつくって解決しようとする考え方	倫理問題の解決を、困っているグループごとに分けて解決策をつくろうとする考え方	倫理問題の解決は、個人できめるべきとする考え方

医療行為として何かしらの技術を用いることによって、ここで第三者（医者など）が加わり、この問題が私的な問題から公的な問題へとかわっていったことがわかると思います。一方で、公的な問題として解決するにはどのような解決策があり得るのでしょうか。

そこで、倫理問題を考えるときによく使われるのが、上記のモデルになります。

①普遍主義の考え方をとれば、社会全体で共通する普遍的な解決策を模索して、法律やルールをつくろうとする解決方法となります。この考え方だと、社会全体で一致した解決策やルールづくりが必要になります。社会全体で合意されやすい、後述のクローン人間の作製禁止などが法律によってきめられているのがその例です。

②分離主義の考え方は、問題解決にあたって、特定の人やグループを分け、それぞれの集団ごとにルールを別々にし、解決策をとろうとするものです。特定の個人の考え方や好みを押しつけ合わず、あくまでグループ単位で考えて解決するという考え方です。

③個人主義の考え方は、個人ごとに問題解決のために考えればよく、他人とルールを共有しなくてもいいとする特徴があります。

つまり、個人主義であれば社会における合意形成をする必要はなく、普遍主義であれば、全員が納得できるルールを策定することがめざすことになります。

さて、デザイナーベイビーや救世主兄弟のような話題は、どのような解決策をめざすべきでしょうか。普遍主義が通用するのか、分離主義がよいのか、はては個人主義で解決をめざすべきでしょうか。

公的な問題であっても、解決策はさまざまな方法があり得そうです

7 どのようなルールをつくることが必要だろうか?

人を殺すという行為は倫理的にも悪いこととされていますし、法律的にも違法な行為（刑法第199条）であるとさだめられています。一方で、倫理的に悪いとされて

いる行為でも、法律では処罰されない行為もあります。例えば、嘘をつくことは倫理的に悪いとされていても、法律で処罰されることは皆無と言ってもよいでしょう（特別な場合としては証人として、裁判や国会での宣誓をした場合などはのぞきます）。

そこで、生命倫理が社会問題であるという前提に立つのであれば、法律による規制も一定程度必要になるのかもしれません。例えば、「ヒトに関するクローン技術等の規制に関する法律」という法律があります。この法律は2000年に公布された法律で、クローン人間の作製を罰則をもって禁止した法律です。クローン人間をつくることを国内的に禁止しているわけで、どのような形であれ、つくることそのものが禁止されています。すなわち、ある特定の行為を倫理的な課題としてやってはいけないという形で禁止することは実際に行われているのです。

それでは、デザイナーベイビーの場合はどうなっているのでしょうか。ここで紹介したデザイナーベイビーの場合、先述の通りさまざまな生殖技術が用いられています。体外授精技術や遺伝子診断などの技術です。このように医療の進展を法律で規制しようと思っても、法律は後追いで立法されるため、規則が完全であることはあり得ません。このような後追いが起こるような場面では、関係者による自主的な規制が行われるケースが多いです。すなわち、技術を利用して生殖医療を行う専門家集団による自主的な規制です。専門家集団は学会とよばれるところに所属している人が多いので、学会による規制などが行われています。

例えば生殖医療では、日本生殖医学会や日本産婦人科学会などが、学会所属の会員にルールを策定して、規制を行っています。しかし、学会員以外にはルールが適用されるわけではないので、法律で規制することもときには必要になってくるかもしれません。そういう意味では、現在、ヒトのクローン禁止についてはまさに法律できまっているルールだと言えます。

そこで、近年はトランスサイエンスとよばれる分野に注目が集まっています。トランスサイエンスは、1972年に物理学者のアルヴィン・ワインバーグが提唱した概念であり、「科学に問うことはできるが、科学では答えることができない問題」のことをさします。生殖医療はまさに科学者としてできる技術については答えられるが、その技術を利用するか否かは私たち市民が考えていかねばならない問題でしょう。そのように考えた場合、科学の問題だから私には関係ない」とするのではなく、専門家と市民との間でコミュニケーションをとりつづけることは必要なのではないでしょうか。

オンライン文化祭で音楽は使えるの?
−著作権とその利用−

chapter 2

keyword ▶ 著作権 著作隣接権

Step 1

学校の中での著作権

1 オンライン文化祭と通常の文化祭で何がちがうの?

2020年3月に学校が休校になったことは記憶に新しいのではないでしょうか。感染症対策のため学校が休校になり、課外活動やクラス活動が制限されることもありました。特に、感染リスクが高いと言われている活動には多くの制限が加えられ、さまざまな場面で通常の学校生活を送ることができなかったかもしれません。

そこで1つの解決策として注目されているのが、インターネットを用いたオンラインによるとり組みです。多くの学校でオンラインでの授業配信を行いましたし、Youtubeをはじめとする動画配信サイトをいくつか知っている人も多いでしょう。動画配信サイトを用いれば、外に出かけることなく国内はもとより海外の人にも、自分たちの伝え

たい活動を発信することができます。

登校制限や学校への登校禁止などの時期に、オンライン授業をうけたという方は多いかもしれません。インターネットを介して学習プリントを配布されたり、動画による授業配信をうけたりということもあったはずです。これらのとり組みは授業以外にも、使えるんじゃないかなと思った人も多いでしょう。一部の学校では、校外での発表会や文化祭もオンライン開催という例がありました。

しかし、オンラインで文化祭を実行するにあたって、1つ困ったことが起きたみたいです。次の例をもとに、考えを深めていきましょう。

考えてみよう

あなたは通っている学校の文化祭実行委員をしています。

「今年はインターネットを使ったネット配信文化祭を企画します。 生徒自身の手で
ネット配信をすれば、 学外の生徒などにも本校のとり組みを PR できると考えたた
めです。 本校文化祭の伝統行事の1つには「クラスによる演劇」 があります。 ぜ
ひとも、 この文化祭でクラスによる演劇をだれでもみることのできるネット配信で
行いたい、 と考えます!」 と、 意見を表明しました。

　しかし、 文化祭の内容について、 先生からはクラス演劇中に市販されている音
楽を使う場合があることに対して不安の声があがり、 生徒たちも実現ができるかを
心配するようになってきました。 なぜネット配信文化祭の演劇で、 市販されている
音楽を使うのは許されないのでしょうか。 考えてみたら、 学校内で開かれる文化
祭では、 そのような不安について聴かれたことが無いのに、 なぜネット配信文化
祭だと、 考えないといけないことがふえるのでしょうか。

　この場面で先生は何を心配しているの
でしょうか。話の内容からすると、文化祭
で使用する音楽のことのようです。

　通常の文化祭であれば、音楽（音源）
を利用する場面が多くあります。例えば、
演劇などでは、劇中に効果音（SE ＝サウ
ンドエフェクト）を使用したり、ラストの場
面でエンディング曲を流したりするような場
合です。このような場面で使用される音楽
（音源）には、これまでの場合、私たち
は CD を購入したりネットから音楽をダウ
ンロードしたりすることで、劇中において楽
曲を使用していました。なぜ、校内で音楽
を流すのと、購入した音楽をネットで流す
こととのちがいがあるのでしょうか。先生
はなぜこんなことをこわだっているのでしょ
うか。ネット配信文化祭ならではの難しさ
がありそうです。

2　オンライン文化祭と著作権

　ここで1つ考えてみたいのが「著作権」
という権利の問題です。

　通常の文化祭とネット配信文化祭は何
がちがうのか、というところから考えていき
ましょう。ネット配信の文化祭ではインター
ネットを通してだれにでも見てもらうことが
できるという利点があります。しかし、通
常の文化祭の場合、学校の近くの人だけ
が見に来ることや、保護者の方が対象だと
も言えるわけです。そこで、そのちがいは
「ネット」であるか「対面」であるかのち
がいなのでしょうか。

法律はどのように考えているのかを見ていきましょう。通常の文化祭は、著作権法第38条で示す活動にあたると考えられています。この条文を見てみましょう。

著作権法 第38条

公表された著作物は、<u>営利を目的とせず</u>、かつ、<u>聴衆又は観衆から料金</u>（いずれの名義をもつてするかを問わず、著作物の提供又は提示につき受ける対価をいう。以下この条において同じ。）<u>を受けない場合</u>には、公に上演し、演奏し、上映し、又は口述することができる。ただし、当該上演、演奏、上映又は口述について実演家又は口述を行う者に対し<u>報酬が支払われる場合は、この限りでない。</u>

（下線筆者）

この規定を読んでみると、「非営利」+「無料」+「無報酬」の場合には、著作者の許可無く、著作権の使用料金の支はらいもしなくてもよいとされています。整理すると以下のようにまとめられます。

（1）営利目的ではない。
（2）聴衆または観客から料金をとらない
（3）演奏や上演している人に報酬は支はらわれない

これらの条件を満たせば、公開してもよいことになります。

（1）に関して言えば、文化祭が学校行事の1つとして行われるものであり、学校教育では「特別活動」とよばれる活動の1つで、学校教育の一部です。そのため営利で行うことはなく、（2）も多くの学校で

は入場者からお金を徴収することはないでしょう。（3）についても、出演した人への支はらいは無いことが多いはずです。このように考えると、ほとんどの学校における対面文化祭は著作権上の問題はなさそうに見えます。

一方、ネット配信文化祭の場合、どう考えればよいでしょうか。著作権法第38条の条文だけで考えた場合、似たようなものだと考えるかもしれません。しかし、次の資料の文章を読んでみてください。

営利を目的としない上演等 著作権法第38条による特例

・学校の文化祭での演奏会等、非営利で聴衆・観衆から料金を取らず、出演者に報酬が支払われない等の条件を満たせば利用できます。
・公衆送信はこの特例の適用はありません。

ここには「公衆送信」という文言があります。公衆送信とはどんな場合のことでしょうか。「公衆送信」とは著作権者以外の人が放送や有線放送、インターネットで著作物を「公衆」にむけて公開することをさします。

そこで、右の図を見てください。著作権と言っても幅広い権利となっていて、具体的な権利がさだめられており、「著作財産権」・「著作人格権」・「著作者隣接権」などの権利があることがわかるでしょう。さて、音楽を流す場合は、著作権のどの権利にあたるのかを一緒に考えてみましょう。

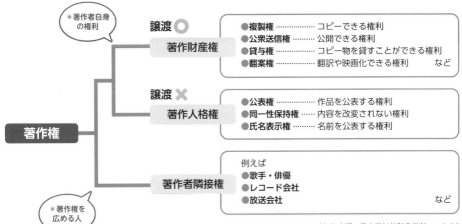

●複製権 …………… コピーできる権利
●公衆送信権 ……… 公開できる権利
●貸与権 …………… コピー物を貸すことができる権利
●翻案権 …………… 翻訳や映画化できる権利　　　など

●公表権 …………… 作品を公表する権利
●同一性保持権 …… 内容を改変されない権利
●氏名表示権 ……… 名前を公表する権利

例えば
●歌手・俳優
●レコード会社
●放送会社　　　　　　　　　　　　　　　　など

（参考：大阪工業大学知的財産学部webサイト）

　私たちがある曲を演劇で使用する場合、CDなどから音楽をかけることになるでしょう。ではCDをつくるためには、どのような立場の人がかかわってくるのでしょうか。CDをつくる場合には、歌い手である歌手だけではなく、録音を行ったレコード会社がかかわっていることも多いです。右に示す図は、平均的なソロ・アーティストの原盤制作費の内訳を示したものです。これを見たとき、こうした制作費用から、さまざまな人たちが一つの音楽の完成にかかわっていることを想像できると思います。

　そのため「著作者隣接権」では、レコード会社にもCDを制作する上で何らかの著作権上の権利を認めていて、売り上げの一部を得る権利があると考えられています。

　上記の図中にも、「著作者自身の権利」と書かれた著作財産権や著作人格権以外に、レコード会社がかかわっている著作者

隣接権があるでしょう。歌手や演奏家以外にも、レコード会社などに著作物にかかわる権利を認め、利益の配分が行われているのです。音楽などの著作物は、歌手などのアーティストだけで社会に広めることはできず、多くの人がかかわっているため、かかわっている人に対しても著作者隣接権という形で、権利を認めています。

平均的なソロ・アーティストの
原盤制作費の内訳

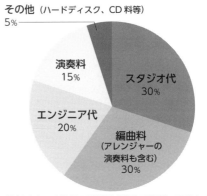

その他（ハードディスク、CD料等）5%

演奏料 15%

スタジオ代 30%

エンジニア代 20%

編曲料（アレンジャーの演奏料も含む）30%

（安藤和宏（2018）『よくわかる音楽著作権ビジネス 基礎編』p.90、リットーミュージック）

3 学校教育と著作権

先にものべた通り、著作権は実は幅広い権利となっています。例えば、ネット配信文化祭で音楽を流すことに関しては、図中の公衆送信権がかかわってきそうです。しかし、通常の授業でコピーした資料の配布などが行われていることを考えると、文化祭でも著作権者の許諾はいらないような気がします。ですが、先ほども示したように、文化祭での公衆送信は認められていません。それはなぜでしょうか?

公衆送信では、「だれにあてたものであるか」を限定せずに配信することになります。そのため、来校した人々に限定した対面の文化祭とは別の手続きが必要とも考えられるでしょう。それに対応できないと、著作物を利用せずにつくった動画を、ネット配信することになる可能性さえ出てきてしまうのです。しかし、これまでにつくられた既存の音楽やイラストなどの著作物を使わずに、動画をつくることができるのでしょうか。

動画をつくったことがある人ならわかるかもしれませんが、動画をつくる場合には、既存の音楽やイラストを利用したりすることはよくあることです。動画をつくるためには、既存のコンテンツを利用することが多いと言えるでしょう。

学校で行われる授業をオンライン化するときにも、著作権にかかわる問題は注目されました。例えば、学校の授業をネット配信する場合、教科書にある図表や問題を見せることが考えられるはずです。これらの図表や問題をネットに映し出すのも、公衆送信と言えます。文化祭と違い、学校の授業については、これまで著作権法でさだめられていた学校教育の特例の範囲内で利用できるとするのか、一回ずつ公衆送信の許可をとるのかで、議論がありました。コロナ感染症の休校にともなって行われたオンライン授業では、このように、当初、著作権のとり扱いがどうなるのかということもきまっていなかったのです。

著作権はどのようにあるべきか？

4 新しい技術と著作権

新しい技術が出てくると、著作権制度は突然弱い立場になることがあります。昔の話ですが、レンタルレコード（いまで言うところのレンタルCD）ショップができたばかりのころにも、同様の問題が起きました。

日本で最初のレンタルレコード店は東京の三鷹にできたとされていますが、当時はレンタルレコードに関する法制度が整備されていませんでした。レコードを製作・販売する会社は、レンタルレコードが貸し出された場合、レコードの売り上げが減る可能性も出てきます。そうなると、著作権でレコードを販売する権利を確保している会社は、レコードを製作しても利益が出ない

ことになり、レコード会社の運営そのものが困るような事態になるかもしれません。

そこで当時、レンタルレコード会社の代表やレコード会社の代表らがあつまって、レンタルレコードのとり扱いについて協議をし、法律を改正することで一致しました（その後、国会へ著作権法改正の法案が可決されて、成立しました）。ここで考えなければいけないことは新しい技術が登場したときに、法律は必ずしもすべてをカバーできる訳ではないということです。著作権の場合、著作権をもつ人（権利者）と、著作物を利用する人（ユーザー）との間で微妙な関係性があります。

5 著作権はどんどんかわっていく

先ほどの話から、著作権をもつ人（著作者）と著作物を利用する人（ユーザー）との間には、利益をたくさん得たい著作者側と、もっと自由に無料で使いたいユーザー側との間で、ある意味で、微妙な対立関係があることがわかると思います。この場面では、法律をつくることによって個人と個人との関係を調整し、それらの問題解消をめざしました。上記の例としては有名なものに著作権で保護される年数の問題があります。

例えば、著作者側は著作権で保護される期間を伸ばしてほしいと考え、著作物を利用するユーザーからお金を回収したいと考えるでしょう。一方で、ユーザー側はなるべく費用をかけたくないので、著作物の著作権保護期間を短くしてほしいと考えるはずです。ここにも著作権をめぐる著作権者とユーザーのせめぎ合いとも言える関係がありそうです。そこで、著作権の年数が延びていることを示す次の図を見てください。

ミッキーの保護期間を複雑にする日本の著作権法のルール

(1) かつて、著作権の保護は団体名義なら公表から 33 年、個人名義なら死後 38 年だった (旧著作権法)

(2) 1970 年、現行著作権法が施行されて映画と団体名義作品の保護期間は公表から 50 年、個人名義の美術は著作者の死後 50 年などとなり、存続中の作品の保護期間が延びた (現行著作権法)

(3) 2004 年、映画の保護期間は公表から 70 年に延長され、存続中の作品の保護期間が延びた (2004 年延長)

(4) いずれの場合も、映画は (1) の旧著作権法での保護の方が長い場合にはそちらが優先 (現行法附則)

(5) 2018 年 12 月、映画以外の著作権の保護期間は一律 20 年延長され、存続中の作品の保護期間が延びた (2018 年延長)

(6) 以上すべて、平和条約上の義務によって、戦前の米国作品の場合は保護期間が 10 年 5 か月プラスされる (戦時加算)

この図は、ある作品の著作権年数が延びたことを示したものです。著作権の年数が延びたことは、著作者にとっては利益を出すことができるとも言えますが、逆に言えばユーザーは著作物に長い期間、お金を支はらいつづけることにもなります。

著作権法の第1条には右の記述があります。ここでいうところの「公正な利用に留意しつつ、著作者の権利保護を図」ると、「文化の発展に寄与すること」は、相反する点もあると言えます。そのため、

法律は時々に応じて、かわっていく必要があるものだとも言えるのです。

著作権法 第1条
この法律は、著作物並びに実演、レコード、放送及び有線放送に関し著作者の権利及びこれに隣接する権利を定め、これらの文化的所産の公正な利用に留意しつつ、著作者等の権利の保護を図り、もつて文化の発展に寄与することを目的とする。

考えてみよう　　著作権者とユーザーとの立場を想像したときに、 文化祭を公衆送信することは権利者の権利を侵害していると言えるでしょうか。
著作権者の立場と、 ユーザーの立場にたって考え、「効率・公正」の視点から、どのような制度が望ましいのかを議論してみましょう。

6　著作物の創造と利活用

　インターネット技術を用いることにより、新しい形となった学校行事が行われるようになってきました。新しい技術の登場によって、それまでの法律では対応できないことが多く出てくることになります。そのため、社会状況へ対応するために、法律も日々変化していく必要があるのです。これまでの法制度でまもられてきた著作権をもつ人たちへの利益保護と、ユーザー側とのバランスの問題と考えることが必要になってきます。

　著作権のあり方を考えることは私たちがどのような社会をつくっていきたいかを考えることにつながります。著作権にかかわる問題は、著作物の創造と利活用はいかにあるべきかを考える機会になるはずです。最近は動画配信サービスが急速に普及している中で、私たち自身も動画を公開する機会がふえてきました。自分で動画作成して公開する場合は、中高生であっても著作権者になるわけです。いま一度、著作権の制度はどのようにあるべきかを考えてみましょう。

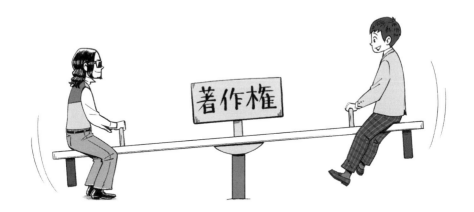

参考文献　安藤和宏「よくわかる音楽著作権ビジネス 基礎編」リットーミュージック, 2018 年
　　　　　福井健策「18 歳の著作権入門」ちくまプリマー, 2015 年

生徒会長はどうきめるのか?
ーきめ方を考えるー

keyword ▶ 集団の意思決定　選挙

だれをえらぶのがよいのか?

1 だれをえらぶ

　あなたの学校では生徒会長をどのようにきめていますか。多くの学校では生徒会長を選挙でえらんでいると思います。最近、無投票も多くなってきたと聞きますが、中学や高校で生徒会選挙の投票したことのある人も多いのではないでしょうか。多くの学校で生徒会選挙を行う手続きは大人が行う選挙と同じになっていて、手続きとしては、公示・立会演説会・投票・開票・

任命という流れだと思います。

　生徒会の選挙は大人と同じしくみで行われるために、実際の選挙を学ぶにはよい機会だと言えます。「地方自治は民主主義の学校」とのべた人がいるのですが、ここでは「学校での自治活動は民主主義の学校」ととらえて、どのように代表をえらぶのかという問題を通じて、集団の意思決定の仕方について考えていきましょう。

2 生徒会の役割とは

　生徒会は戦後 GHQ が行った「教育の民主化」の一環で組織化されたことがきっかけだと言われています。1949 年に出された『新制中学校新制高等学校 望ましい運営の指針』において、生徒会の役割や設立について詳細に記されています。

　生徒会ができた当時の資料によれば、「生徒に任せ与えられた責任および権利の範囲内において，生徒のできる種々な事がらを処理する機関である」とさだめられています。生徒のなかで自主的に問題解

決をめざすためにつくられた組織です。いまでは多くの学校で生徒会があり、委員会活動を中心に生徒会活動が行われているところに特徴があります。ただ、法律でさだめられた組織ではないため、生徒会の名称が無い学校もあるかもしれません。生徒会がない学校でも代表委員会や HR 委員会など名称こそ異なりますが、生徒会に相当する組織があると思います。どの形をとったとしても私たちの代表者が自主的に学校の運営にかかわっているとも言えます。

考えてみよう

　　　　　　　歴史的に生徒会の役割をみた上で、 生徒会で何をきめることができ
るでしょうか。 以下のものは生徒会できめることができるでしょうか。 そして、 そ
の理由をことばに表してみましょう。

・学校図書館の使い方　　　　　　　　・校則のルール変更
・文化祭や合唱祭の運営方法　　　　　・成績の付け方
・更衣室の使い方

3　生徒会長にだれをえらぶ?

　どのように代表者をえらぶとよいでしょう
か。生徒会長は「生徒会長選挙でえらば
れた生徒会執行部のトップ」と定義するな
らば、生徒会長をだれにえらぶかはとても
大切です。さて、そこで2つの視点で考え
ていきましょう。個人でだれに投票するの
かという視点と、集団でだれに決定するの
かという視点です。前者の問題は、候補
者をえらぶ観点を示し、後者の場合は満
足のいくえらび方があるかの観点を示した
いと思います。

(1)　自分のなかで候補者をえらぶ

　生徒会長にふさわしい人はだれなの
か。だれへ投票するか。大変難しい問題
です。複数の候補者が立候補している場
合は、何を基準にして候補者をえらべばよ
いでしょうか。ここでは大学で学ぶ政治学
の投票行動からアイディアをいただきましょ
う。政治学では投票行動には大きく分けて
3つの種類があると言われています。1つ

は「業績投票モデル」、1つは「賛否投票
モデル」、1つは「所属地位モデル」があ
るとされています（このほかにも心理学モ
デルなど色々とありますが、今回はこの3つ
で考えていきたいと思います）。

　1つ目の業績投票モデルは、候補者の
それまでの業績や実績などを評価して投
票するやり方です。これのよい点は過去
の実績をもとに投票することができるので、
過去の実績の評価をもとにすれば投票行
動ができる点です。例えば、立候補者の
これまでの実績（クラスや部活での評価
や評判など）を評価して、投票先をえらぶ
ことになります。

　2つ目の賛否投票モデルは、立候補者
がこれから行いたいと訴える政策を評価す
ることです。これのよい点は未来の政策を
判断して投票することができます。例えば、
生徒会長に立候補して「◎◎を実現しま
す」という提案の賛否を表明することにな
ります。

3つ目は所属地位モデルです。これのよい点は所属する集団によって、ふさわしい候補者をえらぶことができます。例えば、生徒会長候補者が文化系の部活所属で、運動系部活の予算を減らしそうだから、運動系の部活から立候補している候補者を選択するというやり方です。

さて、あなただったらどの投票モデルが優れていると思いますか？

政治学では、どの方法が正しいという判断をしていません。実際には私たちはこれらの1つまたは複数の観点をもとに、候補者をえらんでいると言えます。多くの人はこれらの方法を組み合わせて、だれがふさわしい生徒会長なのかをえらんでいるのではないでしょうか。

（2）集団の意思決定

集団の意思決定の問題は、個人で候補者をえらぶときより複雑なものになります。その根本的な原因は意思決定の仕方に問題があるからです。多くの選挙の場合、意思決定の方法として「多数決」しかないことが実は大きな問題になっています。

あれ？　多数決が問題なのか、と思う人も多いでしょう。多数決こそ正義だと思う人もいるでしょう。辞典では多数決を以下のように定義しています。

> 多数決：会議などで賛成者の多い意見によって集団として意思を決する方式（広辞苑 第7版）　資料

団体の運営や代表者の意思決定は構成員の多数意見によってきめられることが多く、多数決できめています。原則として、多数決では構成員1人が投票する権利を1票ずつもっています（例外：株式会社による意思決定などは例外として出資した金額の割合できめられます）。多数決の基本的な発想として「最大多数の最大幸福」のような考え方があり、量的功利主義にもとづいていると言えます。

Step 2　満足できる意思決定は存在するのだろうか?

4　集団の意思決定にかかわる課題

万能にみえる多数決にも、実は致命的な課題があると言われています。課題点として2点あり、1点目は「表明可能性意思の限定性」があること、2点目は「票割れ」問題に対応できないことです。これから解説していきたいと思います。

最初の「表明可能性意思の限定性」について見ていきましょう。この問題は、候補者のうち2位以下の支持については投票ではその意思を表明できないことです。どういうことかと言うと、投票用紙には1位の人しか書けないため、2位以下の支持については投票者の意思が反映されることがありません。それが問題なのかと思うかもしれませんが、複数候補者が立候補した場合、どうしても2位以下の候補者の支持の強さについては意見が1つの投票用紙では反映されないことになります。役職について欲しくない人に対しての意見を表明することはできないのです。その結果、少数の支持を得ている人が当選してしまう可能性があります。社会的な問題で言えば、意見が極端な人が少数の支持を得て当選してしまうような場合が考えられます。

2点目の「票割れ」は複数候補者が立候補した場合、「多数決のパラドックス」という問題が起きる可能性があります。多数決のパラドックスとは、多数決できめた意思決定が集団にとっては満足度が下がる場合を言います。ある集団でデザートで何を食べるかを多数決した例をもとに考えてみましょう。

食べたいもの	りんご	みかん	ぶどう
票数	4	3	2

多数決の結果、「りんご」が1位ですので、集団でりんごを購入するのが一番だと考えることができます。しかし、総数で考えるとりんごは、みかんとぶどうを足した数より少なく、集団としては不満足の結果が出てくることになります。多数決は功利主義的な意思決定のはずであったのに、不満足な人が集団の半分以上いるという不思議な決定が起こる可能性があるのです。

以上のように考えたとき、集団の意思決定の方法もどのようにえらぶか、難しいように感じませんか。さきほどは食べたいものをきめる場合を考えましたが、多数決によって集団の満足度が下がることとなっては、幸福度を高める選択をする功利主義的なきめ方としては適当ではありません。そこでどのような意思決定の方法だと、集団の満足度を高めることができると考えられるでしょうか。昔から、集団の意思決定の質を上げる研究をしてきた人の間では、多くの研究がされてきました。

そこで、満足度を上げるための方法として、ボルダルールを見てみましょう。

(1) ボルダルール

この方式は投票用紙に2位以下の投票者も書くという方式です。以下の投票用紙を見てください。この方式であれば、先ほどの食べ物の例でも次のような投票方法ができます。

	たべたいもの
1位	みかん
2位	ぶどう
3位	りんご

この投票用紙を用いて投票をすれば、2位以下の意見表明も把握することができます。集計方法は1位を3点、2位を2点、3位を1点して集計すれば、2位以下の意見を含めて集約することができるのです。これによって先に示した課題である「意思表明の限定性」の問題をクリアできそうです。

(2) 決選投票方式

もう一つの集団的意思決定の方式としては、決選投票を確実に行う方式です。先ほどの例に戻れば、食べたいものをきめる際に最初は3つの中から選び、その次の選挙では1位と2位とで決戦投票を行うというものです。この方式であれば、3位のグループに投票した人のなかでもりんごとみかんとの間でえらび直すことができることになります。また、3位グループの人たちの意見も反映されることになり、最終的にえらぶ候補への満足度は上がることになります。

Example Case

【フランス大統領選挙】

　決選投票方式が行われる国としてフランスがあります。フランス大統領選挙では決戦投票が採用されており、1回目の選挙で3位以下の人に投票した死票になった人たちの意見を、2回目の選挙で再度確認しようとするしくみとなっています。このしくみでは、1回目の選挙で有効投票総数の過半数の支持を得られなかった場合、2回目の決

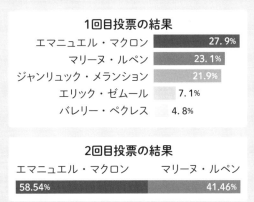

1回目投票の結果

エマニュエル・マクロン	27.9%
マリーヌ・ルペン	23.1%
ジャンリュック・メランション	21.9%
エリック・ゼムール	7.1%
バレリー・ペクレス	4.8%

2回目投票の結果

エマニュエル・マクロン	マリーヌ・ルペン
58.54%	41.46%

戦投票が行われることになります。2回目の選挙では上位2名による決選投票が行われることになります。例えば、2022年の選挙では上記のような結果となりました。

　これによれば、1回目の選挙ではマクロン候補とルペン候補の投票率の差はわずか4.8%にすぎませんでしたが、2回目の選挙では約17%の差でマクロン候補がフランス大統領に選ばれました。これは1回目の選挙で3位以下だった候補者に投票した人たちが、マクロン候補とルペン候補のどちらがよいかを確認する意味があったと言える結果でしょう。このように海外では「集団」の意思決定の満足度を上げるために、選挙制度のしくみを工夫している例が多く見られます。

　なぜ、国ごとに選挙制度にちがいがあるのかを考えてみると、歴史的な背景も多く含まれています。

6　どんな方法がベストなのか

　これまでみてきた通り、意思決定の方法がちがえば、集団の満足度が下がることもあり、どの方法がベストなのかを考える必要があります。先ほども紹介したボルダルールや決選投票方式についても集団の意思決定として完璧なものではなく、意見の集約もれは必ず起きます。仮に、民主的という考え方を「被治者と統治者の同一性」

と考えるならば、自分たちの意見が多く反映される方式をえらぶことが望ましいでしょう。

　ちなみに、実際の選挙でも同じことが発生しています。数年前に国会前でデモがあったときに若者たちが叫んだ「民主主義って何だ」という声も、実は意思決定の難しさを示している例だと言えます。小選

挙区でたった1人えらばれた議員は大きな政党に所属していることが多く、少数派の人たちが投じた票は死票になることが多くなります。結果として、議会で多数派を形成した意見と、選挙で意見が反映されなかった多様な市民の意見との間にズレが生じ、そのことを若者たちは「民主主義って何だ」という声の形で非難しました。こ

れは、小選挙区制度を採用する場合には起きやすい問題であると言えるでしょう。一方で、政治の場面では時間の制限があって、そのときまでに「合意形成」をしなければならない問題も多くあります。議論をつくして合意することが難しいことだとも言えます。このことから「きめ方」を考えることは、とても重要なものになるのです。

考えてみよう

生徒の役員選挙の方法を考えた際に、単純な投票法ではない方法で行うとしたら、どのような方式が望ましいだろうか。理由を考えて、自分の考える選挙方法を提案してみよう。

7　選挙で自分たちの意見をどう反映できるのか

　生徒会の会長をどうきめるのかからはじまった意思決定の問題ももとにもどってきました。前述の通り、生徒会の役割を「生徒に任せ与えられた責任および権利の範囲内において、生徒のできる種々のことがらを処理する機関である」ととらえるならば、私たちの意見を生徒会の活動に反映させるためには、意見を届ける方法を考える必要がありそうです。

　私たちの意見をどのように反映させることができるのかを考えることも必要になるでしょう。

　以前から学校生活において生徒会活動が低調であることが指摘されてきました。理由はいくつか考えられますが、学校への

参加意識が低いことが指摘されています。学校は単に勉強するためだけの場所でしょうか。最近は校則問題なども指摘されていて、近年はブラック校則などとも言われています。社会の側から学校教育への疑問点も浮かびあがってきています。そうとらえた場合、あなたならどうやって行動しますか。もちろん、学校の問題ですから先生と議論するのもよいと思います。また、親御さんと一緒に議論するのもいいのではないでしょうか。その結果、自分たちの学校をどのようにするかの考えを深めていってください。考え抜いた結果として、やはり学校をかえないといけないと思うなら、ぜひ生徒会の活動で行動していくことも必要な

のではないでしょうか。

　1つ、生徒会活動が活発な学校の例を紹介します。

　長野県辰野高等学校では年に複数回、「三者協議会」という活動を行っています。この活動では、生徒と教師、そして保護者の三者で学校にかかわる課題について議論をする場所が設定されています。この活動を見学させていただいたことがありますが、校則や登下校の問題、自動販売機設置問題などあらゆることが議論されています。

　通常の活動ではこれらの問題を先生と生徒だけ討論することが多いですが、辰野高校は保護者もまじえて議論を行うところに特徴があります。この活動のよい点は、生徒自身の当事者意識が高まるだけでなく、教員の側も保護者の側も一緒に学校をつくっていこうとすることが実現できていると言えます。

　この辰野高等学校の三者協議会は学校への生徒参加をよりよく実現できている例で、教科書「公共」の教科書にも写真が掲載されています。皆さんはどんな学校をつくりたいですか。そのためにはどんな生徒会だったら嬉しいですか。一緒につくる学校という観点から考えを深めてみてください。

参考文献　坂井豊貴『「決め方」の経済学「みんなの意見のまとめかた」を科学する』ダイヤモンド社，2016年
　　　　　齋藤文男『多数決は民主主義のルールか』花伝社，2021年
　　　　　若松良樹編『功利主義の逆襲』ナカニシ出版，2017年
　　　　　浦野東洋一など編『校則、授業を変える生徒たち 開かれた学校づくりの実践と研究』同時代社，2021年

5 生徒は選挙運動を手伝える?
−政治参加の方法−

keyword ▶ 選挙運動 政治活動

高校生と選挙運動との微妙な関係

1 選挙って茶番だと思う?

遠くから聞こえてくる選挙カーの声。あなたも選挙期間中に1度は聞いたことがありませんか。ときに、自宅や学校近くにやってきて候補者名を叫ばれたりしたときには、「候補者なのに迷惑だなあ」なんて考える人もいるかもしれません。18歳であれば、選挙権があるはずなのに、若者は置き去りになっている印象さえもつ人もいるのではないでしょうか?

学校の近くで授業の邪魔になる候補者の選挙カーは、本当にみんなのために仕事をしてくれるのでしょうか? 選挙ってだれのために、何のために行っているのでしょう。

なんだか茶番にもみえる選挙について学んだ上で、私たちが選挙に関わる方法について考えていきましょう。

2 選挙は何のために行うの?

選挙はだれのために、何のために行うのでしょうか。このことは憲法に書かれています。憲法第15条1項〜3項には、以下のようにさだめられています。

日本国憲法 第15条 〈資料〉
①公務員を選定し、及びこれを罷免することは、国民固有の権利である。
②すべて公務員は、全体の奉仕者であつて、一部の奉仕者ではない。
③公務員の選挙については、成年者による普通選挙を保障する。

つまり公務員をえらぶ権利が国民には認められており、選挙はそのための制度ということがわかります。公務員は国民全体への奉仕者であるので、その人をえらぶことは「国民固有の権利」であることがさだめられているわけです。また、「成年者による普通選挙を保障」しています。

一方、大日本帝国憲法下ではちょっとようすが異なっていました。大日本帝国憲法第10条では、次のようにさだめています。

資料

大日本帝国憲法 第10條

天皇ハ行政各部ノ官制及文武官ノ俸給ヲ
定メ及文武官ヲ任免ス但シ此ノ憲法又ハ
他ノ法律ニ特例ヲ掲ケタルモノハ各々其ノ
條項ニ依ル　　　　　　　　（下線は筆者）

　大日本帝国憲法では「行政各部の官制」
について、天皇に任免権があることが示さ
れています。これは、日本国憲法では国
民が主権者であるのに対して、大日本帝
国憲法の主権者が天皇であったことを示し
ているといえます。

　日本国憲法第15条3項では、「公務員
の選挙については、成年者による普通選
挙を保障する。」として、成年者による権
利として選挙権がさだめられています。こ
こでいうところの成年者とは、2015年ま
では民法でさだめられた20歳が成年年
齢であり、成年者でしたが、公職選挙法
が改正されたことによって、高校生を含
めた18歳から選挙権を与えられるように
なり、選挙に参加することができるように
なりました。選挙権年齢の引き下げは、
1945年以来で71年ぶりでした。ちなみ
に、1945年の公職選挙法改正は、男女
普通選挙制が実現したもので、選挙権年
齢も25歳から20歳になりました。

考えてみよう

　なぜ選挙権年齢は、71年ぶりに引き下げられたのでしょうか。
　高校生（18歳）が選挙権を得ることでの変化はどのようなところにあると考えます
か？　その上で、高校生が選挙に行く意味はあると思いますか？　自分なりに選挙
に行く意味を考えて、選挙に行く際、どのような基準で政治家をえらぶべきかを
まとめましょう。

3 若者は投票に行ったのか？

　選挙権年齢引き下げにともなって、高校生も含めた18歳から選挙権を得ることになりました。そこで総務省や文部科学省が選挙について知ってもらうために、現在、高等学校での主権者教育をすすめています。冊子『私たちが拓く日本の未来』をもらった記憶のある人もいるでしょう。この冊子には選挙にかかわる注意事項や投票にかかわる内容について簡単に学べる内容になっています。

　しかし、以前は政治教育について文部科学省は積極的ではありませんでした。一例をあげると、文部省（現在の文部科学省）は以前、次の資料のように言っていました。

　この文書が出された当時、高校生の政治活動が過激化していたことが問題視されていたのです。当時の文部省が、高校生の政治的活動を否定的に見ていると言えるのではないでしょうか。通知では、高校生が「国家・社会としては未成年者が政治的活動を行なうことを期待していない」とのべており、高校生が政治に関心をもったり、活動をしたりすることへ消極的な態度をとっていたことも読みとれます。それが、現在では文部科学省が主権者教育をすすめようとしているところから、社会の側が大きく変化したと言えそうです。

　それでは選挙権年齢引き下げにともなって、若者は選挙に行ったのでしょうか。右のグラフを見てください。よく若者の投票率が低いと言われていますが、昔の若者も投票率そのものは低かったことが見てとれます。

資料

高等学校における政治的教養と政治的活動について（一部抜粋）
（昭和44年10月31日　文部省初等中等教育局長通知）

一　生徒の政治的活動が望ましくない理由
　学校の教育活動の場で生徒が政治的活動を行なうことを黙認することは、学校の政治的中立性について規定する教育基本法第8条第2項（注：当時）の趣旨に反することとなるから、これを禁止しなければならないことはいうまでもないが、特に教育的な観点からみて生徒の政治的活動が望ましくない理由としては次のようなことが考えられる。
　（一）　生徒は未成年者であり、民事上、刑事上などにおいて成年者と異なつた扱いをされるとともに選挙権等の参政権が与えられていないことなどからも明らかであるように、国家・社会としては未成年者が政治的活動を行なうことを期待していないし、むしろ行なわないよう要請しているともいえること。

衆議院議員総選挙における年代別投票率（抽出）の推移（総務省Webサイトより）

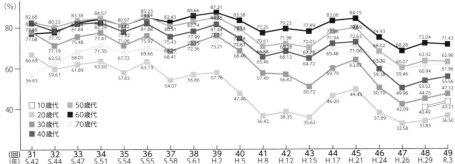

※1 この表のうち、年代別の投票率は、全国の投票区から、回ごとに144〜188投票区を抽出し調査したものです。※2 第31回の60歳代の投票率は60歳〜70歳代の値に、70歳代以上の投票率は71歳以上の値となっています。※3 第48回の第10歳代の投票率は、全数調査による数値です。

　データを見てみると、ほとんどすべての選挙において若い世代（20代・30代）の投票率は中高年の世代のそれに比べて、低い傾向にあることがわかります。つまり、どの時代でも若者の投票率は低く「いまの若者は政治に関心が無い！」となげかれていたことも推測できるでしょう。

　若い世代の投票率が低い理由を考えてみると、若い世代にとって政治で解決がのぞまれる社会問題が少ないことや、政治よりも別に興味があることが多いことが原因なのかもしれません。そこで大人たちは、若い世代にも政治に参加して意識を高めてほしいと考えているようです。そのため、先ほど示した文部省の通知も廃止し、高等学校でも政治的教養を高める教育がすすめられるようになってきました。それは、社会の側も積極的に若い世代の意見をとり入れ、一緒に社会をつくっていきたいとする姿勢のあらわれなのかもしれません。

高校生はどんな選挙運動ができるのか？

4　選挙運動って何をやるの？

　選挙運動は公職選挙法で次のようにさだめられています。

　「特定の選挙で、特定の候補者（政党）の投票を得または得させるために、直接・間接を問わず選挙人にはたらきかける行為」です。

　また、同法では政治活動と選挙運動は別に考えられていて、政治活動は「政治上の目的をもって行われるいっさいの活動から、選挙運動にわたる行為を除いたもの」とさだめられています。図で示すと次のような形に関係性をまとめることができます。

図からわかるとおり、「政治活動」と「選挙運動」は包含関係にあることがわかりますね。選挙運動は政治活動の一部になることになります。では、選挙運動とはどのような活動でしょうか。

右のような活動が選挙運動のおもなものになります。このようなことを高校生はできるのでしょうか。また、政治活動を高校生ができるのでしょうか。考えていきましょう。

【おもな選挙運動】
・友人や知人に直接投票や応援を依頼する
・電話により投票や応援を依頼する
・自分で選挙運動メッセージを掲示板・ブログなどに書きこむ
・選挙運動メッセージを SNS などで広める（リツイート、シェアなど）
・選挙運動のようすを動画サイトなどに投稿する

5 高校生ができる選挙運動って何？

高校生の立場でも、これらの活動については公職選挙法でできるのかできないのかがさだめられています。公職選挙法では、投票年齢で区分して選挙運動ができるか否かをさだめています。そのため、高校生であっても選挙運動ができる人とできない人が区別されることが考えられています。4でも指摘したとおり、選挙運動は選挙期間中に行う活動で、実際に人にあって投票をお願いする活動から、ネットなどで行う活動などまで含まれています。とくに、選挙運動ができない高校生（18歳未満の高校生）が注意しないといけないのがネットの選挙運動だと思います。ネットで選挙権をもつ友達がツイートしている内容をリツイートしてしまうと、選挙運動ととら

れる可能性もあるからです。高校によって
は学校の校則において、選挙運動や政治
活動に制限がある場合もあります。これに

ついては通っている学校の先生に相談す
るのも1つの手です。

6　18歳誕生日と選挙の関係

　ちょっと気になる話としては、選挙の前
後に18歳の誕生日をむかえる場合は選挙
権はどうでしょうか？　その場合はちょっと
事情が複雑です。まず、投票日に誕生日
をむかえる場合、投票はできるでしょうか。
選挙は次のページの図のような日程で行わ
れます。

　公示日は、選挙が行われることを示した
上で、立候補の届け出をうけ付ける日にな
ります。この日から選挙運動が始まること
になります。選挙は公示日から投票日の前
日まで行うことがさだめられています。そ
の期間も選挙の種類によってちがうので注
意が必要です。

　公職選挙法ではその種類によって選挙
活動期間がさだめられているので、広い
面積をもつ自治体の選挙は候補者にとって
も有権者にとっても大変なものになると言
われています[1]。

選挙運動期間（抜粋）

17日間	参議院議員選挙、都道府県知事選挙
12日間	衆議院議員選挙
9日間	都道府県議員選挙　政令指定都市の市議会議員
7日間	市議会議員及び市長選挙（政令指定都市の市長は14日）

　さて、選挙運動ができるのは18歳になっ
てからですので、投票日に誕生日をむかえ
る人は選挙運動ができるのでしょうか。先
に解答をすれば、誕生日の前日には選挙
運動を行うことができるようになります。不
思議に思った人が多いのではないでしょう
か。なぜ、前日なのかというと、誕生日の
前日から18歳になるからです。おかしな
ことを書いていると思っている人も多いかも
しれませんが、日本の法律（年齢計算ニ
関スル法律）では、前日の夜に年齢が上
がると規定されているので、前日に年齢が
上がることになっています。

Example Case

【選挙無効請求事件】
　ある選挙で選挙無効請求裁判が起こされました。この裁判の原告側の訴えのなかで
投票できる年齢についての争点がありました。原告側は選挙の投票日に誕生日をむか
えていない者（すなわち投票日の翌日に誕生日がある人）に投票権は無いと主張しま
した。このことを含めて選挙は無効であると訴えた裁判でした。

大阪高等裁判所の判決では、選挙権取得要件としての「年齢満20年以上」とは、満20年に達する出生応当日の前日の午前0時以後をいうとのべました。これは、投票日の翌日に20歳の誕生日をむかえる人は、前日の午前0時をもって年齢が繰り上がっているため、前日に行われる選挙については選挙権があるとしたものです。

（昭和54年11月22日大阪高等裁判所判決）

この裁判の判決は18歳で選挙権を得るとしても同じことになるので、誕生日が投票日の次の日にあたる人も投票権を有することになります。例えば、選挙の投票日を4月8日とした場合、選挙権と選挙運動の関係を示すと下のようになります。

18歳をむかえているタイミングのちがいによって、選挙期間中にできることにもちがいがあることがわかるはずです。同じクラスにいる高校3年生の中にも、「選挙期間中に選挙運動できる人」「投票のみできる人」「選挙運動も投票もできない人」がいることがわかります。そのため、高校3年生のときに選挙があったとしても、クラスの中でできる範囲にちがいが生じるという事態になるのです。ちなみに注意点にもあるとおり、選挙運動は投票日の前日午後8時までしかできないきまりになっていることには注意が必要です。

選挙と誕生日　例）公示日　3月29日（木）
　　　　　　　　　　投票日　4月8日（日）の場合

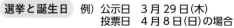
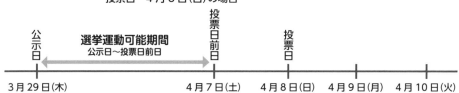

18歳の誕生日	選挙権	選挙運動	注意点
告示日以前に18歳になっている場合	○	○	公示日から選挙運動を行うことも、投票することもできます。
告示日〜4月8日（投票日）	○	△	誕生日の前日から投票日の前日まで選挙運動ができます。
4月9日（月）	○	×	誕生日の前日が投票日のため、選挙運動はできないものの、投票はできます。
4月10日（火）以降	×	×	投票も含めてできません。

7 選挙運動の注意事項

公職選挙法では、公正な選挙を実現するために禁止されている行為がきめられています。例えば、下記のような行為は18歳を含めて全面的に禁止されています。

(1) 戸別訪問、(2) 飲食物の提供、
(3) 署名運動、(4) 気勢を張る行為、
(5) 買収・供応、(6) 人気投票の公表禁止、(7) 選挙後の挨拶行為

これらの行為を候補者や関係者が行う場合には、当選が無効になることがあります。近年も国会議員が有権者を買収したという

ニュースを聞いたことがある人もいるでしょう。これらの行為は、公正な選挙を阻害する行為であるため、厳しく制限されているとも言えます。

しかし、なぜこれほどまでに厳しい規制が選挙にかけられているのでしょうか。公職選挙法の第1条には「その選挙が選挙人の自由に表明せる意思によつて公明且つ適正に行われることを確保し、もつて民主政治の健全な発達を期することを目的とする」とさだめられています。選挙が民主政治の基本であることを示しているとも言えます。

8 私たちはどのように政治とかかわるのか

これまで高校生が選挙の手伝いができるかを通して、色々な角度から考えてみました。18歳選挙権が行われるようになって、高校生の段階でも投票を含めた政治にかかわりをもつことになりました。さて、私たちはどのように政治にかかわっていけばよいでしょうか。

最初にのべたとおり、政治家は私たち中高生の方をむいて政治の話をしてくれているでしょうか。近年、高齢者むけに政策を打ち出す「高齢民主主義（シルバー民主主義）」ということばが聞かれるようになってきました。世代的に言えば、高齢者

が相対的に人口も多いため、当選をめざすなら高齢者むけの政策が多くなりやすいと言われています。仮にこのように考えた場合、若者である私たちは自分たちの意見を届けるために政治に積極的にかかわる必要があるでしょう。そのためには投票に行く必要がありますし、政治にかかわる必要が出てくるのです。家庭や友達との話を通じて、どんな政治が必要なのかを考えれば、あなたが思っている政治も実現できるのかもしれません。

私たちはどんな政治をのぞんでいるのかを、投票を通して伝えてみましょう。

注 1) 例えば、岐阜県高山市は東京都とほぼ同じだけの面積がありますが、市議会議員や市長選挙は7日間で行わなければなりません。
参考文献 総務省・文部科学省編『私たち私たちが拓く日本の未来』

6 子どもと大人と境目はどこ?
－責任を負う年齢とは－

keyword ▶ 年齢　裁判員

Step 1 18歳から裁判員になれますか?

1 子どもと大人の境目はどこにあるのだろう?

あなたは子どもと大人の境目はどこだと考えますか。例えば、一人で生活できる能力のことでしょうか。それとも仕事をもっていることでしょうか。ここでは子どもと大人の境目をきっかけにして、法律における子どもと大人の区別を考えていきましょう。

子どもと大人では法律上、できることの範囲にちがいがあります。小学校や中学校の義務教育段階の子ども、学校で教育をうけることが義務としてもとめられていますし、大人には勤労の義務があるのがその例でしょう。そこで法律と年齢の関係を示した表1を見てください。

表1　法律と年齢の関係

14歳	罪を犯すと刑法上処罰の対象となります（刑法第41条）
15歳	深夜業や危険な業務を除いて、労働者として働くことができます（労働基準法第56条）遺言をすることができます（民法第961条）
16歳	二輪免許や原動機付自転車の免許の取得ができます（道路交通法第88条）
18歳	選挙権をもつことができます（公職選挙法第9条）
20歳	喫煙や飲酒ができます
21歳	大型免許を取得できるようになります（道路交通法第88条）

表1を見るとわかるとおり、車の運転や働くことや、飲酒や喫煙などの特定の行為にいたるまで、さまざまな行為が年齢で区分けされていることがわかります。

2023年からは民事責任年齢も18歳に引き下げられました。民事責任年齢は個人で契約ができる年齢のことをさします。18歳になっていなくても、これまでにも買い物などの契約行為をしてきたので、15歳でも契約できると考えていると思いますが、親御さんから自由に使ってよいとわたされたお金の範囲で契約しているにすぎません。これまで大きな契約（例えば家を借りたり、クレジットカードをつくったりすること）については、20歳未満の場合、保護者の同意が必要でした。それが、2023年からは18歳から一人で契約することができるようになります。また、裁判員にえらばれる対象者も年齢の引き下げが予定されていて、2023年以降、18歳・19歳の人も裁判員候補の名簿に掲載されることがきまっています。

このように、年齢にかかわる見直しが最近すすんできていますが、では、子どもと大人の区別はどこに線引きがあるのでしょうか。いろいろな権利だったり責任が、年齢を基準に登場してきて、ますますわからなくなってきませんか。そこで、法律に書かれている子どもと大人の区別を学んで、多様な角度から考えを深めてみましょう。

考えてみよう

子どもと大人の境目とはどのようなものでしょうか。ここで示したもの以外の例をさがし出して、子どもと大人の境目について考えてみましょう。その上で、なぜ線引きされているのかを自分のことばで説明してみましょう。

例えば、電車やバスに乗るときの料金はどうでしょう。

また、テーマパークの入場料などはどうなっているでしょうか。

2　裁判員には何歳からえらばれるの?

裁判員制度を知っていますか。小中高の社会科の学習では、司法参加として裁判員制度をとり上げているので、名前は知っているかもしれません。この制度は重大な刑事事件について、一般からえらばれた裁判員とプロの裁判官と一緒に裁判を行うものです。裁判員裁判において裁判員は裁判官とともに下記のことをきめると法律（「裁判員の参加する刑事裁判に関する法律」）でさだめられています。

| 1　事実の認定 |
| 2　法令の適用 |
| 3　刑の量定 |

裁判員制度と裁判の流れ

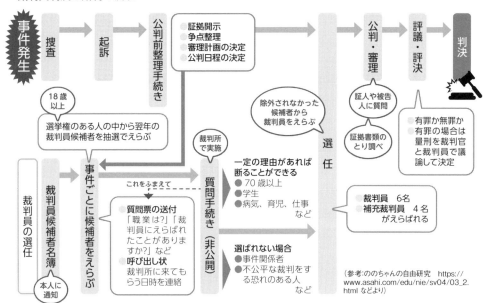

(参考：ののちゃんの自由研究　https://www.asahi.com/edu/nie/sv04/03_2.html などより)

　海外では裁判員と似たような制度として陪審員制度や参審員制度があります。それらの制度は日本の制度とは多少異なっていますが、日本の裁判制度の特徴としては一回ずつの刑事裁判を担当し、先に示した1〜3の部分に裁判員が参加できるところに特徴があります。

　ちなみに海外で行われる陪審員の場合は、1と2のみをきめる場合が多いです。裁判員制度では、3の刑の量定まできめることができるため、刑罰をきめる際に市民の声を反映できるしくみになっています。

3　裁判員にはだれからえらばれるの?

裁判員はだれからえらばれるというと下記のように法律ではさだめています。

> **裁判員法 第13条**
> 　裁判員は、衆議院議員の選挙権を有する者の中から、この節の定めるところにより、選任するものとする。
>
> **日本国憲法 第15条（抜粋）**
> ①公務員を選定し、及びこれを罷免することは、国民固有の権利である。
> ②すべて公務員は、全体の奉仕者であつて、一部の奉仕者ではない。
> ③公務員の選挙については、成年者による普通選挙を保障する。

この条文を読んでみると、裁判員になれる人は衆議院議員の選挙権を有する者ですから、18歳から裁判員になれると読みとれます。しかし、選挙権年齢の引き下げが行われた当初、裁判員の対象年齢は引き下げはなされませんでした。裁判員制度について解説をしている法務省のホームページでは、裁判員は「当分の間、20歳以上」のままに据え置かれることになったと規定しています。

あれ、と思った人も多いのではないでしょうか。本来、「選挙権があるのだから裁判員もできる」と考える人がいるでしょうし、逆に「18歳の高校生が刑事裁判に参加するのは難しい」と考える人もいるでしょ

う。大人と子供の線引きとして、現段階で20歳以上しかできないことは次のようなものがあります。

- ・飲酒や喫煙
- ・カジノ
- ・公営ギャンブル（競馬・競輪・競艇など）
- ・公的年金の被保険者資格

18歳から大人になるはずなのに、なぜか、20歳を区分にしている法律もいくつかあることがわかると思います。これまでは、成人式を代表として20歳を区別の基準にしていたのに、なぜ18歳を大人にするものと20歳を大人にするものが併存するようになったのでしょうか。

Step 2　大人とはどんな人なのだろうか?

4　18歳は大人なの? 子どもなの?

18歳は大人でしょうか、子どもでしょうか。いままで色々な法律をみてきましたが、なんだかしっくりこないかと思います。成年年齢の引き下げの議論が始まったのは2007年5月のことです。国民投票法（日本国憲法の改正手続きに関する法律）が成立した際に、同法において「憲法改正

のための国民投票権を有する者の年齢を満18歳以上とする」と規定されたことがきっけになり、成年年齢をさだめる民法などの見直し条項が設けられることになりました。結果として、18歳から民法の成年年齢の引き下げが行われることになりました。

表2　海外との比較表

	アメリカ	中国	オランダ	韓国
選挙権年齢	18	18	18	20
私法上の成年年齢	18-21 （※州によって異なるため）	18	18	19

（法務省資料より）

　それでは、18歳にはどんな意味がある
でしょうか。そこで海外との比較から考え
てみましょう。表2は海外との比較になって
います。

　これを見た場合、他国では20歳未満
の若い年齢から選挙権があることがわかり
ます。日本のお隣の韓国を除けば、20歳
で投票権を得ることは例外的であったとも
言えるでしょう。世界を幅広くみたときに国
際標準は若い人にも選挙権を与えている
ようです。また、若い人たちに参加をして
もらうことが社会としても必要だと考えた結
果だとも言えそうです。こう考えると、日本
での成年年齢の引き下げは、世界の基準
にあわせたものと言えます。

　日本で20歳が成年とさだめられたのは、

1876（明治9）年にさかのぼります。

　この年に出された太政官布告41号で
は、「自今満二十年ヲ以テ丁年ト定ム」と
していて、「丁年」とは一人前の成長した
人を意味します。この布告は、現在の20
歳を成人とする根拠になっています（1876
年当時、戦前の立法機関であった帝国議
会が成立しておらず、明治憲法も成立して
いませんでした。そのため、太政官布告
が法律として機能していました）。戦前の
法が生きていたというのも驚きですが、現
在でも有効なものが多くあり、2022年4
月1日まで20歳を成年としていた民法も、
約140年有効であったわけです。

　それでは、18歳は大人と考えていいの
でしょうか。ここでは社会の声をちょっとだ

け聞いてみたいと思います。18歳を大人、とすることを認める考えには、「若年者の社会参加、自立の促進」や「これまでもアルバイトをしているため契約をしている」、「諸外国との整合性をとる必要性」から引き下げを認める人たちがいます。一方で、「18、19歳の人が消費者被害」や「多重債務者」になる危険性を指摘する声もあり、社会の中では多様な意見があるようです。以前に行われた18歳を成年年齢にすることに対する世論調査でも否定的な回答が多くをしめました。下の表3を見てください。

いずれの調査結果でも、18歳成人に対する反対は賛成を上回っていることがわかります。これほどに定着してきた20歳の成人に対して、どうして成年年齢を引き下げるのでしょうか。明治時代に20歳を成人にする際には、「当時の欧米諸国の比較的多くは成年年齢を21歳以上としていたが、日本人は欧米人よりも寿命が短く、精神的成熟が早かったので、成年年齢の下限を欧米諸国の場合よりやや低くしたことも挙げられる」と考えられていました。ただ、確実にこれが理由で大人が20歳になったと言うわけでも無さそうです。

表3　民法の成年年齢に関する世論調査（内閣府）の結果 (%)

調査項目	調査時期	賛成	反対
①契約を一人ですることができる年齢を18歳にすることの賛否（時系列）	2013年10月	18.6	79.4
	2008年 7月	19.0	78.8
②親権に服する年齢を18歳未満にすることの賛否（時系列）	2013年10月	26.2	69.0
	2008年 7月	26.7	69.4

5　大人の議論も錯綜中　18歳が大人？　20歳が大人？

子どもと大人の区別の問題ですが、結局、法律の上でもさまざまな年齢が存在していて、明確な区別があるわけではなさそうです。そもそも論として、子どもと大人を分ける理由はなぜでしょうか。もっと言えば、未成年者を大人と区別して、保護する根拠とは何でしょうか。

法律の世界では、「子どもは、大人の庇護がないと生存すらできない」と考えてい

るためです。憲法には未成年にかかわる規定はあまり多くありません。結果として、それは大人の議論も錯綜しているのが原因かも知れません。

例えば、日本弁護士会連合会は18歳成人にかかわる意見書の中で、「18歳、19歳の若者を被害者とする消費者被害の拡大が予想される」ことや、「何歳を大人に扱うのかについて国民的なコンセンサス

が確立していない」とのべています。一方で、演出家のテリー伊藤さんは「いまの若者にやらせれば何でもできる」とのべています。

　近年、これらの問題にかかわって18歳から大人と同じとり扱いをするか否かで社会的議論になっているものとして、少年法の改正問題があります。少年法とは、犯罪を犯した少年のとり扱いについてさだめた法律です。大人が犯罪を犯した場合、実名が報道されることもありますし、刑罰も科されることが予定されています。一方で、少年が犯罪を犯した場合、次の資料のように実名が報道されることはありません。

　少年と大人との対応を分ける理由としては、少年には今後変わる可能性（大学では「可塑（かそ）性」ということばで説明をします）があるため、教育的な見地から記事などに掲載することを禁じています。結局、少年法改正では18歳と19歳を「特定少年」として扱うこととし、「少年」とは区別することになりました。成年である「特定少年」は、裁判で刑事責任を追及される場合には、「記事等の掲載の禁止」を適用されないことになりました。この改正についてはさまざまな意見があり、子どもと大人の区別の難しさはまだまだあるように感じます。

少年法 第61条（記事等の掲載の禁止）

資料

家庭裁判所の審判に付された少年又は少年のとき犯した罪により公訴を提起された者については、氏名、年齢、職業、住居、容ぼう等によりその者が当該事件の本人であることを推知することができるような記事又は写真を新聞紙その他の出版物に掲載してはならない。

6　結局、子どもと大人の境目は?

考えてみよう

　　　　裁判員になるためには、どんな資質が必要になるでしょう。あなたの考える資質から逆算して、何歳になれば裁判員として刑事裁判に参加できると考えますか。自分なりの意見をまとめ、大人と子どもの区別を話し合ってみましょう。

　法律で示されている大人と子どもの区別を調べていくと、それぞれに理由らしきものは一応、説明されていますが、すべての場面を年齢で区切ることを説明するのは難しそうです。法律で区切ることによっ

て生じる保護される権利や利益に照らした時に、メリットとデメリットを想像した上で、その区切りが正しいか否かを考えていく必要があります。

　その上で、 考えてみよう でも示した通り、

どのような能力をもてば大人だと考えることができますか。人によっては、大人の定義も違うと思います。ここで注意しなければならないのは、大人は○○ができないといけないと考えてしまうのには注意が必要です。この考え方を徹底すると、○○が出来ない人は大人（＝市民）扱いしなくてもいいという差別につながるからです。最近は納税できない人は市民として扱わなくてもいいとする風潮があるように感じます。例えば、生活保護をうけている人に対して、権利を認めないとする考え方をもつような人もいるようです。私自身はそのようには考え方は支持できません。むしろ、何かができるからだけで大人としての権利を考えることの危険性すら感じています。何をもって大人とするのかを、想像力をもって考えていく必要がありそうです。

7　18歳で大人になる意味を考える

　2022年から民事法における責任年齢が引き下げられたことによって、さまざまなしくみがかわることがきまりました。例えば、18歳から「一人で契約できる」ことや「父母の親権に服さなくてもよい」ことが、今回の大きな変更点になります。契約については、クレジットカードやローンの契約などもできることから、いわゆる借金が可能となります。また、親権に服さなくてもよいということは、自分で住むところや進学や就職を決定できることになります。そのため、以前の18歳よりも自分できめることができる範囲が大きく広がったと言えるでしょう。これらのしくみの変更によって、若者の消費者トラブルなどが増加するのではないかと懸念されています。自分できめる範囲が広がったわけですから、契約で失敗したなあと思っても、当然、自分で責任をとらなくてはならないのです。しかし、実際に若者の声を聞いてみると、「18歳成人になったからといって、突然自覚が芽生えるということは無い」ということも理解できると思います。例えば、私が日頃から接している生徒たちは、18歳になっていても、親御さんからお小遣いをもらっていたり住居を提供されていることが当たり前だと思っていて、18歳になったから何がかわったのかと思っている人も多いのです。

　とはいえ、民事責任年齢が18歳になったことによって、18歳の生徒の責任の範囲が広がったことも事実です。消費者トラブルに遭わないための「消費者教育」を積極的に学校などで行っているのも、これらの理由があるとされています。先ほど例にあげた生徒たちに、契約の意味や責任の重さを感じることの大切さを学ぶ機会が、きちんとつくられていると感じています。

参考文献　小坂井敏晶『人が人を裁くということ』岩波新書, 2011年

ブラックバイトって何だ？
－労働と契約を考える視点－

keyword ▶ 労働法　ブラックバイト　契約自由の原則の修正

Step 1 アルバイトから働き方を考える

1 どこまでがお給料もらえる仕事？

　高校へ入学したらアルバイトをしたいと思っている人や、現在、アルバイトをしている人は多くいるかもしれません。ある調査によると、定期的にアルバイトをしている高校生の割合は30％にのぼるとされています。夏休みや冬休みなどの長期休暇に短期のアルバイトをする人も多いかもしれません。逆に、学校によってはアルバイトをすることに対して規制のある学校もあるのかもしれないので、事情はちょっと異なるかもしれません。しかし、アルバイトはあ

なたにとっても身近なものではないでしょうか。アルバイトをしてない人も、大学や専門学校へ進学したら、学費や生活費をアルバイトで稼ぎたいと思っている人も多いはずです。そこで、アルバイトについて「どこまでがお給料をもらえる仕事なのか」という視点から考えを深めてみたいと思います。

　最近、アルバイトにかかわる話題が社会でもクローズアップされることが多くなってきました。「ブラックバイト」ということばも登場してきて、ブラック企業のアルバイト版ともよべる状況が注目され、社会からも認知されています。アルバイトが生徒や学生にとって身近だからこそ、働き方として、どんな働き方がよいのかを考えることが必要になってきています。

　身近な話題から、どこまでが給料の発生するアルバイトで、どこからがそうではないアルバイトなのかを一緒に考えながら、労働にかかわる法律について学んでいきましょう。

2　ブラックバイトとは?

ブラックバイトとは、ブラック企業で働く正社員のアルバイト版のようなもので、違法性のある労働環境で、アルバイトをしている働き方のことをさすことばです。「ブラック企業」ということばは、2013 年に中京大学の大内裕和さんが提唱しました。ブラックバイトユニオンのホームページによれば、「ブラックバイト」を「学生が学生らしい生活をおくれなくしてしまうアルバイト[1]」と定義しています。では、ブラックバイトとはどういう働き方のことを言うのでしょうか。ブラックバイトの働き方として次のようなものであるとされています。

ブラックバイトの働き方例
・長時間の労働をもとめられる（仮に給料が出てるとしても）
・売れ残りなど商品を買いとりさせられる
・勤務のシフトを強制的に入れられる（自分できめることができない）
・労災保険などの社会保険が整備されていない
・仕事を辞めたいと言っても辞めさせてくれない
・仕事のミスで給料の減額がもとめられる
・割増賃金が支はらわれない

これらは明らかに法律に違反しそうなことなのに、なぜ、アルバイトをしている人はしたがってしまうのでしょうか。ちょっと考えてみれば、こんなひどい労働環境なら、アルバイトをやめてもおかしくないはずです。なぜアルバイトという労働から逃れることができないのでしょうか。

3　働く契約は特殊な契約? ～契約自由の原則の修正～

そこでまず、働くということから考えてみましょう。働くことによって私たちは賃金を得て社会生活を営むことができるため、「働く（労働）」ことは人間に不可欠な活動だと言えます。例えば、アルバイト代はおこづかいに使う人もいるでしょうが、生活費として必要不可欠なお金だと言う人もいるでしょう。生活費をかせぐ学生にとっては、アルバイト代が貴重な収入源の一部になっているのです。

このような賃金を得るための労働では、賃金を支はらう側との間で、仕事の内容や賃金などのとりきめをしています。ここではまず、アルバイトにかかわるルールを学ぶ前に、こうしたとりきめ「契約」にかかわる問題を考えたいと思います。

中高生がもつ「契約」のイメージとして、難しそうな契約書にハンコを押してというイメージがあるかもしれません。しかし、私たちは生活を送る上で、多くの契約をしながら生活しているのです（Chapter1も参照）。例えば、家を出てから、電車やバスに乗る（運送契約）、朝にコンビニで商品を買う（売買契約）、学校で学ぶことも契約（私立の場合は在学契約）、などの契約の下で、荷物を運んでもらったり、モノを購入したり、学校で勉強したりしている訳です。これらの契約は対等な関係の下で成立しており、もし、契約が嫌なら電車やバスに乗らないことや、商品を購入しないという選択肢もあり得ます。これは自由に契約ができる（契約しないことを含めて）からだと言えるのです。アルバイトを含む労働契約も、上記のような契約の1つにあ

たります。契約は当事者双方の意思の表示が合致したときに成立するものです。多分、アルバイトをしたことのある人ならわかると思いますが、多くの人が契約書に署名して雇用契約をむすんだはずです。契約書には「給料」だったり、「勤務時間」だったりが書いてあったと思います。

　しかし、労働契約にはほかの契約とは本質的に異なる部分があることに注目しなければなりません。「労働」という行為によって発生した「賃金」は、働く人にとって貴重な生活費であったり、大切な収入源だったりします。多くの人にとって生活のために賃金を得ることが、働くことの目的の1つと言っても過言ではありません。このように、労働は多くの人にとって生活の基礎をなす重要なものであるため、賃金が切り下げられたり、急に解雇されたり（仕事を

辞めさせられたり）すると、その人の生活が突然、困難なものになるのは想像がつくはずです。そのため、運送契約や売買契約などとちがって、労働契約では、契約した労働者と使用者の間の関係性が対等であるとは言えません。例えば、いま働いているアルバイト先の労働条件が悪かったとしても、その地域に別の仕事がない場合はイヤイヤつづけるしかないはずです。そのため現代社会では、立場が弱くなりがちな労働者を保護する、労働にかかわる法律が多く整備されています。これらの法律を労働法といい、教科書にも登場する「労働基準法」や「最低賃金法」などがそれに当たります。労働法は、使用者と労働者との間で自由にとりきめることのできる範囲を規制するものとなっています。

しかし、本来の契約は、当事者の間で自由にとりきめることができるもので、自らの意思にもとづいて自分の判断で契約する内容をきめられるものと考えられています。

それは「私的自治の原則」や、「契約自由の原則」とよばれていて、私法（民法や労働法など個々人間の関係を規律した法律のこと）の重要な原則の1つとされています。しかし、自由に契約できるといっても、無制限なものではありません。例えば、社会全体にとって利益（公共の福祉）に反する場合や、社会の生活の秩序（公序良俗）に反する場合などは、契約が無効となります。

労働契約の場合も、契約をむすぶ当事者（賃金を支はらう側とうけとる側）の関係が対等ではないという課題があり、歴史的に見ると、たびたび労働にかかわる問題が社会問題としてとり上げられてきました。

例えば、資本主義の成立期には労働問題が多く発生しました。教科書で産業革命期のイギリスの炭鉱で働く子どもの絵を見たことがあるでしょうか。あれは、児童労働や長時間労働などの問題が端的に描かれていることから、教科書に絵が掲載されているのです。このように労働にかかわる問題は社会的な問題として昔から指摘されているところであるため、通常の契約と同じように「契約自由の原則」（個人が対等な関係で自由に契約すること）を徹底すると、問題が出てくるのでは無いかと考えられるようになってきました。

そのため、契約自由の原則の修正として「社会法」が登場することになり、特に働くことに関しては「労働法」とよばれる分野がすこしずつ整備されることになりました。これは「契約自由の原則」に対する修正と言われ、修正の規定がすこしずつ認められてきた歴史とも言えます。労働にかかわる特別なルールについては、個別に特別法をさだめています。「働く」ことについての契約の特殊性は、対等な関係でむすぶべき「契約」の範疇を修正することになったと言えるでしょう。

4　労働契約で自由にきめることのできる範囲は?

Step1 の例にも示した通り、労働契約は普通の契約とすこしちがうところがあることがわかったと思います。そこで、どんな場合にトラブルが起きるのかを次の例で考えてみましょう。

アルバイトでは、雇用主から色々な仕事を頼まれると思います。雇用主からゴミを出してきてほしいとか、商品陳列を手伝ってほしいとかといった指示でしょう。しかしときに、これは自分の仕事かなと思うこともあるかもしれません。想像していた仕事内容とちがうとかということもあるでしょう。働くときにどこまで仕事内容なのかを確認しましたか? そのあたりから考えてみましょう。右に示したのは、コンビニの求人広告の例です。これは、一般的なコンビニの求人広告と言えますが、これを見て応募した人は、仕事として時給がもらえる時間は、どこからどこまでと考えるでしょうか? ここでは制服への着替えの時間について考えてみましょう。

大手のコンビニでは、原則として店員に対して制服の着用を義務づけています。制服を着用していることで、コンビニでは店員は一目瞭然にわかります。店員として仕事をするときには、当然、制服を着る必要があると言えます。問題は出勤して、着替える時間は労働時間として、給与はいただけるのかどうかという点です。

スタッフの求人募集には「レジ接客、商品陳列」だから、制服への着替えは入らないとする考え方もあるでしょうし、逆に、着替えは仕事をするための準備だから時給はほしいという考え方も成り立つでしょう。あなたはどのように考えますか? 参考になる条文を見ながら考えてみてください。

スタッフ募集

君も一緒に働こう!

募集要項

■ 仕事内容	レジ接客、商品陳列等
■ 時間給	時給850円以上
■ 時間	24時間営業のため応相談
■ 待遇	交通費規定以内支給 食事補助あり

まずはお気軽にご連絡ください。

コンビニ△△△　　　〇〇店
担当　佐藤

考えてみよう

コンビニでの制服を着替える時間は働いている時間として【時給】が認められるでしょうか？　条文を読んで自分の考えをまとめてみましょう。

労働基準法第 32 条

1. 使用者は、労働者に、休憩時間を除き1週間について 40 時間を超えて、労働させてはならない。

2. 使用者は、1週間の各日については、労働者に、休憩時間を除き1日について8時間を超えて、労働させてはならない。

条文でさだめられた「労働させる（条文では労働させてはならない）」という語句に、着替えの時間が入っていると考えられるでしょうか。労働基準法でさだめる労働時間は「労働者が使用者（雇用主と考えてかまいません）の指揮命令下におかれている時間のこと」だと言われています。それでは、「指揮命令下」とはどのような状態でしょうか。雇用主から言われているから、自分の着替え時間も仕事としても考えることができそうだし、仕事の準備時間だと考えれば、指揮命令とは言えないような気もします。

そこで同種の事案として、裁判であらそ

われた事例を見てみましょう。裁判の事例で判断されたものを「判例」といい、同じような事件があったときの参考になると考えられています。もちろん、まったく同じ事情のケースという場合はほとんどあり得ないため、条件によって判決に差が出ることもあり得ます。ただし、前の裁判ではこういう事件があったということを学ぶことは、同様の事件を考える上でも参考になるために勉強するわけです。ここで紹介する裁判は、三菱重工業長崎造船所事件（最判平 12・3・9第 54 巻3号 801 頁）です。

5　三菱重工長崎造船所訴訟であらそわれた「着替えの時間」とは

三菱重工長崎造船所訴訟であらそわれた争点は何点かあったのですが、有名な争点が「着替えの時間」にかかわるものです。

造船所では作業着や安全靴（※安全靴とは、足を保護するための靴で、おもに

工事現場や重たい機械などを扱う工場で使用される靴の総称です）が必要になり、着替えをする場所でそれらを着用した上で、作業場に移動することになります。問題は、着替えの時間は労働時間にあたるのかが争点の1つになったことです。

裁判が起こるきっかけは、完全週休二日制の実施にともなって、それまでのタイムレコーダーによる方法から、作業時間までに現場に到着しているかどうかを基準にする方法へ変更されたことが原因になりました。完全週休二日制実施前まではタイムレコーダーを押した時点からが勤務時間であったため、着替えの時間が含まれていました。その働くルール（「就業規則」といいます）が改正されたことによって、裁判になったわけです。

さて、ここで先ほどの「指揮命令」のことを思い出してください。服を着替える時間は指揮命令の範囲内でしょうか。そこで最高裁判所が判決文で言っていることを読んでみたいと思います。

Example Case

就業を命じられた業務の準備行為を事業所内において行うことを使用者から義務づけられ、又はこれを余儀なくされたときは、当該行為を所定労働時間外において行うものとされている場合であっても当該行為は、特段の事情のない限り、使用者の指揮命令下に置かれたものと評価することができ、当該行為に要した時間はそれが社会通念上必要と認められるものである限り、労働基準法上の労働時間に該当する。

（下線は筆者）

判決文なので文章は長いですが、言っていることはわかってもらえると思います（判決文は、裁判であらそわれている条件を細かく言っておかないと、法律が適用できるかどうかを判断できない場合があります。そのため、比較的長い文章になることがあります）。

ここでは、仕事の準備行為（「着替え」ですね）を事業所で行うように指示された場合、労働時間にあたると指摘しています。判決では準備行為が「義務」または「余儀なく」されているとしているので、着替えが義務なのか余儀なくされたものなのかを詳しく検討する必要です。ただ、当該の事業所の場合、作業着と安全靴は必須であったため、義務としてその場所で着替える必要があったといえるでしょう。そのため、「着替える」という行為が労働の時間に入ると明確に示したと言えます。

上の裁判例を見てみると、自分の働き方も同じような状況だと思うかも知れません。もし、着替えの時間について給与が入らない場合は、1回、相談してみることも必要になってくるでしょう。相談は周りの大人でもいいですし、専門的な話については、労働基準監督署という機関に相談してみるといいでしょう。

6　働くルールを考えるために

　さきほど「着替え時間」をめぐって、裁判事例があることをお伝えしてきました。裁判の事例を学んでみると、自分も同じような状況だと思う場合もあるかもしれません。そのため、教科書では「判例」を学習し、一緒に考えているわけです。これ以外にも多くのブラックバイトについて、どこまでがしたがうべきことなのか否かを考えることはできるでしょう。これらは「契約自由の原則」であっても修正される例だと言えるでしょう。これらは労働法にさだめられており、労働基準法や最低賃金法などがあります。でも、具体的な法律の中身を学ぶことはすくないようです。働くことが私たちの生活に必要不可欠なことであるからこそ、どのように私たちが働きたいかを考えることは大切なものになります。その際に法律を知ることが重要になるのは言うまでもありません。

　最近は働き方をめぐっていろいろと世間を騒がせているニュースなどに気づくかも

しれません。過重労働を含むひどい働き方に対して、社会的な批難の声も上がってくるようになりました。結果、「働き方改革」をもとめる声が大きくなってきたことにつながっているのは注目に値することです。社会人にとって働くことは生活の糧を得ることであり、そのため、社会の側も「働き方」について関心をもっています。トラブル事例を見たり聞いたりしたときに、これは労働法でどうなっているのかを考えることが、労働者を守るという意識につながっていってほしいと思います。

　近年、学校ではワークルール教育ということばが使われるようになってきました。ワークルールで学ぶ内容は、単なる法律知識を身につけるのではなく、実際に役立つ問題解決力を身につけてほしいと考えているそうです。私たちも働き方のルールを考えることを通じて、よりよい働き方とはどのようなものかを考え、社会問題の解決ができる行動力ももってほしいと思っています。

注　1）ブラックバイトユニオン・「ブラックバイトとは？」http://blackarbeit-union.com/aboutUs/aboutBlackarbeit/index.html
参考文献　西村健一郎・村中孝史『働く人の法律入門〔第2版〕』有斐閣，2009年
　　　　　一般社団法人ワークルール『知っておきたい　ワークルールの基礎知識』，2018年

法学の立場から法を学ぶとは

　法を学ぶというのは、法律の名前・条文や判例の内容を知識として覚えることでは決してありません。

　法は、社会のあり方や人々とのかかわり方を円滑にするための道具です。ここで重要なのは、「法」と「社会」は相互に作用し合う関係にあるということです。「法」→「社会」の作用としては、法によって、社会のあり方や人々のかかわり方が規律されています。逆に、「社会」→「法」の作用としては、時代とともにかわる現実の社会の実態に合うように、法も改良されていきます。

　したがって、法を学ぶというのは、まさに社会を学ぶことと一体なのです。そして、次の2つの視点を意識することが大切です。1つは、《価値判断》をめぐる議論、つまり法をどうすべきかを論じる議論です。もう1つは、価値判断の前提となる《立法事実》の解明、つまり社会の実態についての客観的な事実・根拠の把握です。法を学ぶうえで、この《価値判断》と《立法事実》はどちらも欠かせない両輪です。

　例えば、3節の著作権（オンライン文化祭で音楽は使えるの？）などはわかりやすいトピックでしょう。何か新しい方法で著作物を活用したいときに、著作権法による思わぬ制約をうけてしまうことがあります。そのままでは不便なので、著作権法を改良していくわけです。この場合、まずは社会の実態（《立法事実》）として、実際にどのような不都合が利用者に生じているのかを把握する必要があります。そのうえで、社会の実態を踏まえて、利用者の利便性を重視するか、それとも著作権者の保護を重視するかという《価値判断》を議論していくわけです。

　Chapter2では、学校内をはじめとして高校生に身近なさまざまなトピックがとり上げられています。各トピックについて、法があることによって、みなさんはどのような影響（メリットやデメリット）をうけているのでしょうか。また逆に、みなさんの実情に合わせて法を改良すべき点はないのでしょうか。考えてみましょう。

（齋藤宙治）

みんなの「公共」の学習の基本を考える

　××のトラブル・悩み・紛争、損害・被害などは、だれにとっても嫌な災難で一刻もはやく解放されたいことでしょう。こんなとき自分のこうむるトラブルばかりでなく、国際・国・自治体・地域・家庭などが抱える災難が、身近に押し寄せてきそうで、自暴自棄の場当たりの選択をすることがありませんか。そんなとき冷静に自分やみんなの利益になり被害が縮小できる自分や社会の対応を選択・判断し、分析・総合の結果や決定をわかりやすく伝える「知的で倫理的な道具」があればよいのにと思ったことはありませんか。

　私たちはこの知的で倫理的道具（intellectual & ethical tool）を、高校生必履修の「公共」で学ぶことが、みんなの公共空間の構築では大切ではないかと考えました。そして「法」の在り方を学び、「法」を用いる生き方を知ることが、とりわけこの道具の1つの支柱となると判断し、本書の作成を試みました。

　実践モデルは二人の教師経験者の意欲的教材研究・開発によるもので、私自身教科教育の視点から高校生・中学生の公民・市民教育に携わってきたことから広く実践されることを望むばかりです。

　ここで学ばれる法を用いた知的で倫理的な知的道具で、「望ましい解決策」を自分なりに、ときにはみんなと協働して導き出すプロセスを思考・評価する学習は「公共の福祉」を守り、個人の利益をもとに利益の衝突を調整するのぞましい在り方や人々の生き方に有効と考えます。

　各教材では、①交換的正義やパレート効率性、②公平・公正さ、③手続き的正義、④配分的正義などに関わって、法律的に構成された「法律事実」から、いま社会で必要と見なされ多数派により創設された「法律など」を理解し、評価し、現行の法の問題を克服する学習をめざしています。さらに「対話的で深い」学びでは学習者が多様な側面から積極的に従前の法を批判的に検討し、新しい法の創造・創設をめざす法ルールづくりも最終的にはめざそうとしています。こうしたトラブル…を、法を用いて、知的で倫理的に解決しようと

する学習を範示・例示する研究は、今後ますます必要な研究になると思います。指導の画一化は、はやり高校生の法的資質や法的思考を育てるには障害となりつつあり、より状況に応じた積極的な学習がもとめられるのではないでしょうか。その点から本書が広く、高校の教師ばかりでなく、中・高校生に読まれることをめざしたいと思います。

　公民教育の方面で、中・高校の社会科・公民科の教員養成に大学で携わってきた経験から、すこしだけカリキュラムについて付記します。

　「知的で倫理的な思考道具」は私たちの造語に近いですが、法的で倫理的思考道具を学ぶ機会を積極的に創設するのは教育の責務と思っています。ただ国の教育政策では公民系の科目への偏見があるのか、その責務をおこたっているように感じます。持論ですが法に関する学習機会は、主権者教育・憲法教育にも波及し、人々の投票率アップにつながり、民主的政治の実現に欠かせないはずなのですが、政策策定者・法律専門家・学校関係者は、それほど熱心ではないのではと感じることも度々でした。

　まるで、若者の投票率を上げようと言いつつ、若者が政治や経済に積極的に歩をすすめることを後ろで引っ張るようにしか見えないのです。この背景には学校教育で「法」が十分に生かされていないように思われます。画一的に法律名を教えることで法的な見方・考え方を扱ったと見なし、法を担うことの資質をとりつくろっているように見えてなりません。そこでもっと法にかかわって検討された本書の教材等が、高校カリキュラムで使われることを望みたいかぎりです。

　法は難しくないしすぐに成年となる高校生には、法は必要で、難しいものではないと確信しています。それであれば我が国の成年になれば「できること」「できないこと」を、法の基本に立ち返って学ぶ機会がもっとあってもよいのではないでしょうか。立憲民主主義であれ、議会制民主主義であれ、法がそのしくみを支えたり疎外したりしている実態を、高校の先生方にはもっととり組んでほしいと願います。若者の最善の利益の実現と民主的な発展は、法教育の充実ではないかと考えます。　　　　　　　　　　　　　　　（江口勇治）

おわりに

　最初にこのページから読んでくれている人もいるかと思います。かくいう私も本を購入する際には「おわりに」を読んで、執筆した人の思いや考え方をうけとめてから、本を購入しようかどうかを悩むことが多いのです。そこで、ちょっとの間、本書を書いた経緯を聞いてください。

　「はじめに」で書いたとおり、この本は中学生や高校生にむけて書いた本です。きっかけは、編著者の一人である小貫さんと私との間で話しているときに、身近なところから法やルールについて考える本をつくりたいという話が執筆のスタートでした。小貫さんと私は大学院時代に同じ研究室で学んだ同窓で、10年以上の付き合いになります。お互いに公立学校や国立附属学校教員を経験しているという経歴もあり、中高生の教育に問題関心をよせていた共通点もありました。世の中に法学入門と題された本はあります。しかし、中学生や高校生に読んでほしい本がありませんでした。この本は、中学生や高校生の日常に実際に起こることをとり上げて考えてつくったものです。日常的に中学生や高校生に接して起こるできごとを中心に書いていますので、中学生や高校生にとってのリアルから社会問題を考えるきっかけをつくってほしいと思って書いたものです。
　社会問題の多くを遠くに感じる中高生は多いかもしれません。しかし、これから社会で出会う可能性のある問題はだれかが解決していく必要のある問題です。政治の世界を見てみても、社会問題に対しては、さまざまな立場から議論されています。ある見方からすれば正解と思われる結論であっても、別の見方からすれば正しい結論にならないことが多くあります。現代社会で起こっている問題は、置かれている立場や問題のとらえ方のちがいによって、解決策がちがうことがありえるのです。その際、解決策をめぐって、鋭く対立することもあるかもしれません。社会問題を見て見ぬふりもあるかもしれません。しかし、社会問題を放置しても解決にいたることは、ほとんどありません。むしろ問題がこじれ、さらに悪化させることさえあるのです。そのためには、身の回りの家庭や学校から物事を考え、行動していくことが必要になってくると思います。その最初のきっかけとして、本書を読んで考えを深めてくれることができたら、幸いです。

本書をつくるにあたっては多くの方の協力なしには作成することができませんでした。まずはこれらの構成のもとになった授業を行わせていただいた学校で一緒に学んだ皆さんからは、私たちがもっていなかったさまざまな視点や考え方を提供いただきました。本書は執筆者の授業をうけてくださったみなさんの協力あって、つくることができたものです。

　また、法学の知見を提供いただいた齋藤先生（東京大学社会学研究所准教授）や教育学の知見を提供いただいた江口先生（筑波大学名誉教授）にはお忙しい中、複数回にわたって、編集会議にお付き合いいただきました。お礼を申し上げたいと思います。

　そして、一緒に本書の作成に付き合ってくださった小貫さんは本書の構想から出版社との打ち合わせまでをしていただき、ほとんど、彼のお陰でつくることができたといっても過言ではありません。十数年前に同じ研究室で学んだ仲間と一緒に仕事ができる機会を与えてくださったことに感謝申し上げます。

　そして最後に、この本を手にとってくださった皆様に感謝申し上げます。社会問題を考えることはときには、ときに苦しいときもあるかもしれませんが、社会をともにつくるために、自分自身の問題として引きつけて考えることが大事になってきます。本書を通じて、身近な話題から社会問題を考えるきっかけにしていただけたなら幸いです。

　中高生むけにつくられた本書を出版いただき、清水書院、および清水書院の中沖栄氏には心より御礼を申し上げます。本研究の一部は JSPS 科研費 JP20K02902 の助成をうけたものであり、その成果として公開するものです。本書の執筆にかかわって、多くの方からご支援をいただきました。ありがとうございました。

2023 年 7 月

加納隆徳

● **執筆・編集**
小貫　篤（埼玉大学准教授）
加納 隆徳（秋田大学講師）

● **執筆・協力**
江口 勇治（筑波大学名誉教授）
齋藤 宙治（東京大学准教授）

● **イラスト**
関　和之（株式会社ウエイド）

● **表紙・本文デザイン**
菅野 祥恵（株式会社ウエイド）

● **写真提供**
アフロ　ピクスタ　読売新聞

定価はカバーに表示

中高生からの法と学校・社会

2023 年 9 月 15 日　初版　第 1 刷発行

著　者　　小貫 篤　加納隆徳　江口勇治　齋藤宙治
発行者　　野村 久一郎
発行所　　株式会社　清水書院
　　　　　〒 102-0072
　　　　　東京都千代田区飯田橋 3-11-6
　　　　　電話　（03）5213-7151
　　　　　FAX　（03）5213-7160
　　　　　http://www.shimizushoin.co.jp/
印刷所　　株式会社　三秀舎